Los persas

Una apasionante guía de la historia de Persia y su imperio

Índice

INTRODUCCIÓN..1

PRIMERA PARTE: PERSAS Y MEDOS..3

    CAPÍTULO 1: LOS ORÍGENES DE LOS MEDOS Y LOS PERSAS 4

    CAPÍTULO 2: DE DEYOCES A ASTIAGES: EL IMPERIO MEDO 11

SEGUNDA PARTE: LOS PERSAS - AUGE Y APOGEO...............................18

    CAPÍTULO 3: CIRO EL GRANDE 19

    CAPÍTULO 4: CAMBISES II Y LA CAÍDA DE EGIPTO 26

    CAPÍTULO 5: DARÍO I: MIRANDO HACIA OCCIDENTE 34

    CAPÍTULO 6: JERJES I: EL IMPERIO PERSA EN SU APOGEO 42

    CAPÍTULO 7: ARTAJERJES I Y LA REVUELTA EGIPCIA 49

    CAPÍTULO 8: DARÍO II Y LA PARTICIPACIÓN PERSA EN LA
GUERRA DEL PELOPONESO 57

TERCERA PARTE: LOS PERSAS - EL CAMINO HACIA EL COLAPSO 65

    CAPÍTULO 9: ARTAJERJES II: UN PERIODO TURBULENTO 66

    CAPÍTULO 10: ARTAJERJES III: LA INESTABILIDAD CONTINÚA 75

    CAPÍTULO 11: ARSÉS Y DARÍO III: LOS ÚLTIMOS REYES Y LA
DISOLUCIÓN DEL IMPERIO...82

CUARTA PARTE: ARTE, RELIGIÓN Y CULTURA 91

    CAPÍTULO 12: ARTE Y ARQUITECTURA..92

    CAPÍTULO 13: RELIGIÓN 102

    CAPÍTULO 14: EJÉRCITO...110

    CAPÍTULO 15: LAS LENGUAS Y LA CUESTIÓN DE LA VERDAD 117

    CAPÍTULO 16: GOBIERNO DEL IMPERIO 124

CONCLUSIÓN 130
VEA MÁS LIBROS ESCRITOS POR ENTHRALLING HISTORY 133
BIBLIOGRAFÍA.. 134

Introducción

Tradicionalmente conocida como Persia, la meseta iraní cuenta con una rica y antigua historia. Los testimonios escritos se remontan al Imperio asirio, que comenzó a finales del siglo X a. e. c. Sin embargo, la historia de la región se remonta mucho más atrás, a los desplazamientos de muchas tribus nómadas a la meseta iraní que establecieron imperios en esta tierra fértil y estratégica.

El propio término «Persia» designa a los pueblos indoeuropeos que emigraron a la región y crearon sus asentamientos bajo el dominio asirio y, más tarde, medo. Más tarde, esta civilización establecería su propia dinastía. El Imperio persa se refiere al reino que se extendió durante más de dos siglos y que, con razón, se considera el mayor imperio de la Antigüedad.

La historia de la meseta iraní se divide en tres fases, dada la extensa y rica sucesión de civilizaciones que albergó. El periodo prehistórico comprende los primeros indicios de civilización en la región, que se remontan a unos 100.000 años antes de Cristo. Le sigue el periodo protohistórico, que comenzó en el primer milenio a. e. c. El último periodo se basa en el dominio del Imperio aqueménida, del que existen numerosos registros escritos. Este imperio abarcó desde el siglo VI hasta el IV a. e. c.

Aunque la región albergó muchos imperios diferentes a lo largo de estos tres periodos, los imperios no existieron de forma aislada. En realidad, estos imperios coexistieron a menudo y se movieron a través de los anales de la historia en diversas capacidades, a veces como subyugados y más tarde como gobernantes. Como la región atrajo la migración de muchas tribus nómadas, llegó a poseer una historia rica e ilustre, que ha contribuido a la cultura, la religión y las lenguas actuales de la región.

La historia de Irán comienza con el Imperio asirio, que dominó Mesopotamia y los diversos grupos étnicos que la habitaban hasta su caída. A continuación, la historia sigue el ascenso de los medos, una tribu nómada aparentemente desprevenida que emigró a Irán y vivió en relativa paz hasta que un día se alzó para gobernar vastas tierras. El Imperio medo experimentó un ascenso meteórico, pero también cayó rápidamente para dar paso al mayor imperio de la historia antigua.

Este libro explica con detalle el ascenso del Imperio persa y cómo consiguió expandir sus dominios hasta abarcar gran parte de Asia y África. A pesar de lo notable de este logro, este libro también explora la caída de uno de los mayores imperios que han existido. Este texto analiza el impacto del Imperio persa en el paisaje sociocultural de Persia y su constante influencia en la actualidad. El Imperio persa sigue siendo recordado, mucho después de su desaparición, por su arte, religión, ejército, lengua y gobierno.

PRIMERA PARTE: PERSAS Y MEDOS

Capítulo 1: Los orígenes de los medos y los persas

El comienzo de la Edad de Hierro en Irán estuvo marcado por un importante cambio cultural e histórico que se produjo en la región y que se experimentó mucho antes que en ningún otro lugar de Oriente Próximo. Aunque este cambio comenzó alrededor del año 1250 a. e. c., los artefactos de hierro no aparecieron en la meseta iraní hasta mucho más tarde, durante el siglo IX a. e. c. Dado que no existieron verdaderos registros escritos en la región hasta la llegada del Imperio asirio, gran parte del conocimiento histórico de Irán durante esta época procede de las excavaciones arqueológicas.

Uno de los movimientos culturales más notables en Irán durante esta época, como indican las referencias históricas indirectas encontradas entre las antiguas civilizaciones vecinas, fue la migración de los grupos étnicos medos y persas. Los medos y los persas se convirtieron en los dos grupos dominantes en Irán a mediados del siglo IX. Los medos ocuparon zonas más extensas y su importancia aumentó considerablemente.

El ascenso de los medos

Se cree que los grandes grupos de emigrantes que llegaron a Irán durante el II milenio son los antepasados de la mayoría de los iraníes actuales. Aunque en un principio se creyó que estos emigrantes eran arios, las pruebas arqueológicas recientes sugieren que los arios descendían de las tribus que emigraron originalmente a Irán desde el norte.

Alrededor del siglo VII a. e. c., el Imperio asirio trató de conquistar Irán desde el este hasta el oeste y encontró la mayor parte de Irán oriental ocupada por los medos hasta la actual Hamadán. En Irán occidental, los medos ocuparon regiones entremezcladas con pueblos indígenas no iraníes. Los medos ya se habían infiltrado en gran parte de la región oriental de los Zagros y avanzaban hacia el oeste, alcanzando en algunos puntos las fronteras de Mesopotamia.

El movimiento de los medos y otros pueblos iraníes puede rastrearse de este a oeste por el paso que proporciona la topografía montañosa natural de la región. La población local se resistió a la infiltración de esta nueva y creciente potencia, y a menudo contó con la ayuda de los asirios, los elamitas y los urartianos del noroeste de Irán. Estas potencias estaban dispuestas a ayudar a contener una amenaza creciente y a promover sus propios intereses.

Origen de los medos

Las escasas pruebas escritas y arqueológicas han suscitado algunas dudas sobre el verdadero origen de los medos. Se trata de un pueblo indoario que comenzó a desplazarse desde el extremo occidental de la meseta iraní. Una de sus primeras menciones figura en los registros asirios de Mesopotamia. Los medos fueron súbditos de los asirios hasta que el Imperio asirio fue derrocado por los medos en el siglo VII a. e. c.

A menudo se cree que Media fue el primer reino iranio, que acabó apoderándose de las diversas tribus que poblaban la región, unificándolas bajo un mismo estandarte. Gran parte de esta percepción del éxito de los medos se debe a su posición geográfica, ya que estaban situados cerca de Mesopotamia. Aparecían mencionados en los registros escritos de los mesopotámicos, mientras que otros reinos anteriores no. Esto sugiere que los medos pueden no haber sido el primer reino iranio, sino simplemente el primero que apareció en las crónicas de los imperios vecinos.

Mitología

Una versión sobre el origen del nombre Media afirma que procede del nombre de la hechicera Medea en la mitología griega. Es hija del rey Eetes de Cólquida y nieta del dios del Sol, Helios. Medea está dotada de visión profética y acepta ayudar a Jasón, el líder de los argonautas, a robar el vellocino de oro a su padre. A cambio, tiene que llevarse a Medea con él.

Medea se casa con Jasón, pero más tarde mata a sus dos hijos en un arrebato de ira para castigar a Jasón cuando lo descubre con otra mujer. Después huye a Atenas para empezar una nueva vida. Más tarde abandona Grecia tras fracasar en su intento de establecer a su hijo como rey de Atenas. Se dice que los medos tomaron su nombre de Medea, ya que depusieron a los asirios, al igual que Medea depuso al rey de Corinto, padre de la nueva esposa de Jasón.

Los persas

En el siglo X a. e. c., los persas, junto con los medos, habían emigrado a Persis, la actual Fars. La dinastía persa se remontaba hasta Aquémenes, aunque no hay constancia histórica de la existencia de tal personaje. La primera referencia a los persas aparece en los documentos asirios, donde se refieren a un pueblo que vivía en la región sumeria.

Los persas estaban formados por cinco tribus principales, la más importante de las cuales era Pasargada, de la que los aqueménidas eran un clan. Tras su entrada en Irán, en el I milenio a. e. c. los persas se habían establecido en el suroeste del país. Los persas fueron conquistados por los asirios y más tarde por los medos, que derrocaron a los primeros para establecer su propio reino. Pero bajo el gobierno de Ciro el Grande, los persas se rebelaron y derrocaron a los medos para establecer el Imperio aqueménida.

Origen de los persas

Muchos creen que los persas eran nómadas a caballo que se asentaron pacíficamente en Parsa durante unos quinientos años. Sin embargo, hay pocos datos sobre cómo llegaron a la meseta iraní. En cualquier caso, en el siglo VII a. e. c. ya se habían apoderado de Anshan, un territorio elamita, para establecer su dominio. Sus líderes pasaron a ser conocidos como reyes de Anshan, aunque siguieron siendo súbditos de los asirios y, más tarde, de los medos.

Los persas estuvieron involucrados en la caída final de Asiria. Tras el derrocamiento del Imperio neoasirio a finales del siglo VII a. e. c., el Imperio medo se concentró en torno a Media, una región de poder político e influencia cultural. Los persas permanecieron bajo la autoridad de los medos hasta su revuelta en 552 a. e. c. Después, los persas extendieron su reino por el resto de la meseta iraní, asimilando también a los pueblos indígenas no iranios: los elamitas y los mannai.

Base mitológica

Se cree que el nombre Persia tiene su origen en la mitología griega con Perseo, el fundador de la dinastía Perseida. La mitología lo describe como el héroe que mató a la gorgona Medusa y fundó la ciudad de Micenas. Se lo considera uno de los mayores héroes griegos.

Perseo era un semidiós nacido de Zeus, el dios del trueno. Se casó con Andrómeda, hija de Cefeo y Casiopea, soberanos de la mítica Etiopía. Sus descendientes gobernaron Micenas, la ciudad más poderosa del Peloponeso. Se cree que los persas conocían la historia, ya que uno de los reyes aqueménidas, Jerjes I, intentó aprovecharla para poner a Argos en contra de Grecia y contribuir así a la invasión persa de la región.

Los elamitas y los asirios: Precursores de los persas

Antes de los medos y los persas, Irán había acogido a otras dos grandes dinastías que moldearon su historia y su cultura. Primero fueron los elamitas, una civilización que abarcó miles de años, desde el tercer milenio hasta el siglo VI a. e. c. aproximadamente. Cuando la civilización elamita empezó a declinar, el Imperio asirio comenzó a crecer, tomando el poder alrededor del siglo X a. e. c.

La civilización elamita

La civilización elamita ocupaba las regiones de las actuales provincias iraníes de Ilam y Juzestán. Aunque los elamitas se referían a su tierra como Haltamti, la región aparece mencionada varias veces en la Biblia, refiriéndose tanto a una tierra como al nieto de Noé. Existe un gran debate sobre el origen de los elamitas, aunque la mayoría de los historiadores creen que eran originarios de la meseta iraní.

No se sabe mucho sobre la civilización, ya que su lengua no se compara con ninguna otra de la época y aún está por descifrar. La mayoría de las referencias a la región se encuentran en textos acadios, asirios y sumerios. En ocasiones, estos textos contradicen las pruebas arqueológicas, lo que limita la comprensión del verdadero alcance de la civilización elamita.

Más que una región unida, la civilización elamita estaba compuesta por pueblos repartidos por una región específica y gobernados bajo el liderazgo separado de varias ciudades. Entre ellas se encontraban Anshan, Awan, Susa y Simashki. Los historiadores dividen la civilización en cuatro periodos distintos:

- Período protoelamita
- Antiguo periodo elamita
- Periodo elamita medio
- Periodo neoelamita

Los artefactos y las pruebas arqueológicas sugieren que los elamitas desarrollaron amplias relaciones comerciales con el subcontinente indio, así como también con Mesopotamia y las regiones orientales. El imperio elamita fue establecido por Shutruk-Nakhunte y tomó forma durante el periodo elamita medio. El imperio se extendía por el oeste de Irán y gran parte de Mesopotamia.

La caída de los elamitas se produjo tras su alianza con los medos en la toma del Imperio neoasirio, que ayudó a establecer el Imperio medo. La civilización elamita no desapareció del todo hasta el surgimiento del Imperio sasánida en el siglo III de nuestra era. Hasta entonces, los elamitas siguieron existiendo bajo diversos imperios, aunque ya no eran gobernantes.

La civilización asiria

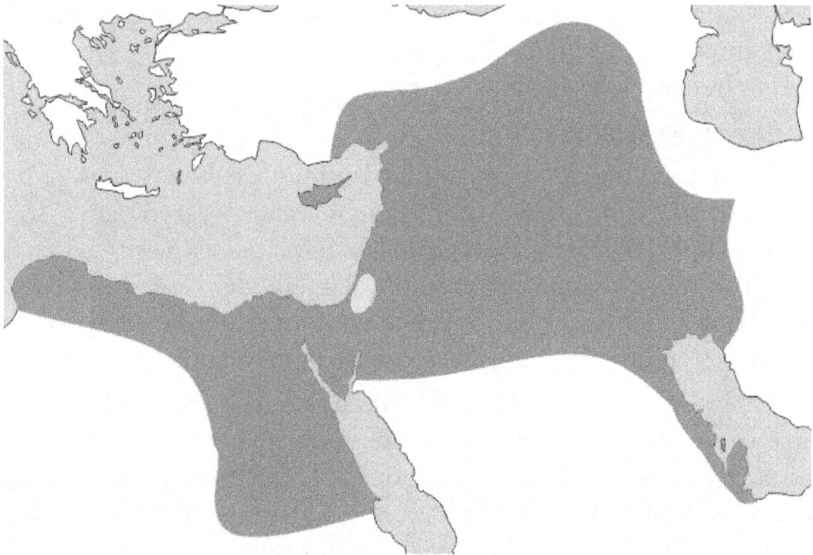

Imperio neoasirio

Puffoco, CC BY-SA 4.0 <https://creativecommons.org/licenses/by-sa/4.0>, vía Wikimedia Commons; https://commons.wikimedia.org/wiki/File:Neo_Assyrian_Empire_671_B.C.gif

El Imperio asirio ocupó regiones del actual norte de Irak, Asia Menor (actual sureste de Turquía) y partes de Egipto entre los siglos X y VII a. e. c. La civilización nació en la ciudad babilónica de Aššur, donde los mercaderes se hicieron ricos e influyentes gracias al comercio en la península de Anatolia. Se cree que el nombre deriva originalmente del dios mesopotámico del mismo nombre.

Dada la influencia del primer reino antiguo de Mesopotamia, los asirios hablaban y mantenían registros escritos en acadio hasta que adoptaron el arameo, originario de Siria. Siendo una de las mayores civilizaciones mesopotámicas, el Imperio asirio se caracteriza por un gran crecimiento económico y militar. El dominio asirio es dividido por los historiadores en tres periodos:

- El Imperio antiguo
- El Imperio medio
- El Imperio tardío o Imperio neoasirio

El Imperio antiguo comenzó con la ciudad de Aššur, que existía desde el III milenio a. e. c. y estaba ocupada por pueblos nómadas. La fecha de la formación oficial de la ciudad se asocia con la construcción del templo de Aššur por Erishum I hacia el 1900 a. e. c. Fue un importante centro comercial, especialmente el puerto de Kanesh, que resultó muy lucrativo para la ciudad. El puerto albergaba una gran actividad comercial, con mercaderes que establecían y gestionaban amplios negocios.

Con la riqueza obtenida a través de este comercio y las relaciones comerciales establecidas con Anatolia, Asiria pudo ganar poder e influencia. El comercio con Anatolia permitió a los asirios conocer el hierro y perfeccionar su trabajo, forjando armas como espadas, jabalinas y lanzas, lo que los ayudó a alcanzar la superioridad militar.

Durante el Imperio medio, Asiria cayó temporalmente bajo el dominio mitaniano. Los mitanianos se alzaron en torno al siglo XV a. e. c. Después de que el reino mitaniano fuera tomado por los hititas, el rey asirio Eriba-Adad I ganó influencia en la corte hitita. Los asirios vieron una oportunidad. Comenzaron a planear la expansión de su reino fuera de Aššur, a zonas anteriormente ocupadas por los mitanianos.

El rey asirio Adad-nirari I, que derrotó al rey vasallo Shattuara I de Mitani y amplió el control asirio, instauró una política de deportación para evitar futuros levantamientos. Se diseñó cuidadosamente para evitar un trato inhumano, pero su objetivo era expulsar a la población local de la región para sustituirla por asirios. Los deportados eran cuidadosamente asignados a una región específica en función de sus habilidades y de dónde serían más útiles. Nunca se separaba a las familias.

Este tipo de indulgencia no duró en el Imperio neoasirio. El imperio experimentó una expansión despiadada. Aunque los asirios utilizaban tácticas militares decisivas, sobre todo la guerra de asedio, no maltrataban a sus prisioneros. Todos eran tratados como ciudadanos, ya fueran asirios de nacimiento o adquiridos mediante conquista.

Los medos y los persas

Finalmente, los persas establecieron su imperio y desarrollaron una de las dinastías más influyentes y exitosas de Oriente Próximo. La conquista de los medos por los persas unió al pueblo iraní bajo un mismo gobierno. Antes de esto, los persas habían existido en grupos dispares, procedentes de diferentes regiones e imperios pasados y con estilos de vida nómadas.

Persas y medos habían existido de forma independiente, aunque sus movimientos en Irán se solaparon durante gran parte de la historia. Ambos pueblos trajeron a la meseta iraní sus propias culturas, tradiciones y lenguas, y ambos ejercieron una gran influencia en la región. Aunque faltan fuentes escritas anteriores al Imperio aqueménida, lo que dificulta trazar el verdadero alcance del Imperio medo, las pruebas disponibles sugieren que ambas civilizaciones contribuyeron a la cultura y el crecimiento de la meseta iraní. Sin embargo, el poder, la influencia y la identidad de los medos se disolvieron bajo el estandarte unificador de Persia.

Capítulo 2: De Deyoces a Astiages: El Imperio medo

El noreste de Irán, el actual Irak, así como el sur y este de Anatolia cayeron bajo el dominio del Imperio medo. La falta de registros recuperados ha hecho difícil descubrir mucho sobre el imperio, y lo poco que se sabe se basa en los registros de dinastías vecinas, como los mesopotámicos. Se cree que los medos hablaban una lengua muy parecida al persa antiguo. También se cree que practicaban el politeísmo, aunque con influencias zoroástricas.

A menudo se atribuye la creación del imperio a Deyoces, quien fue capaz de unir a varias tribus de la región en el siglo VII a. e. c. Además, se cree que fundó el Imperio medo. También se cree que fundó su capital, Ecbatana, que se convirtió en el centro del reino medo. Sin embargo, otros historiadores creen que fue su nieto, Ciáxares, quien reunió a las tribus medas y derrotó definitivamente a los asirios. Aunque el imperio acabó siendo derrocado por los persas, dejó un legado duradero que sigue siendo objeto de estudio y debate.

Resumen del Imperio medo

El primer milenio a. e. c. fue testigo del desplazamiento de pastores nómadas desde Asia central hasta la meseta iraní. Hablaban una lengua aria no especificada y se infiltraron en la parte norte a lo largo de los Zagros, asentándose entre los lugareños. El rey asirio Salmanasar III menciona por primera vez la existencia de este pueblo en su reino, aunque eran percibidos como forasteros hostiles.

En realidad, los medos existían en tribus dispersas, que se extendían desde el Zagros hasta el borde del monte Damavand. Como los consideraban enemigos, los jefes tribales asirios lanzaron ataques contra los medos y lograron someter a muchos de ellos. Sin embargo, no pudieron conquistar a todas las tribus medas, y los historiadores creen que esta serie de ataques asirios unió a las diferentes tribus medas y acabó provocando la caída de Asiria.

El estilo de vida nómada de los medos, que los llevó a la meseta iraní en primer lugar, cambió a residencia permanente por otra razón. La región ocupada por los medos ofrecía acceso directo a las rutas comerciales con Babilonia.

Dado que Media controlaba la ruta este-oeste, obtuvo muchos beneficios económicos. Los medos hicieron del comercio una de sus principales ocupaciones, junto con la agricultura, y empezaron a ganar influencia en la región. También propició el auge de Ecbatana como importante centro comercial.

En cuanto a la agricultura, los medos encontraron tierras inmensamente fértiles en la región de Zagros. Sus valles y llanuras eran conocidos por producir trébol de gran calidad. Las fructíferas tierras podían mantener una gran variedad de ganado vacuno, ovino, caprino y equino, así como grandes poblaciones. Los medos se encontraban en una región económicamente estratégica, lo que contribuyó a su posterior dominio del norte de Irán.

Las tribus medas

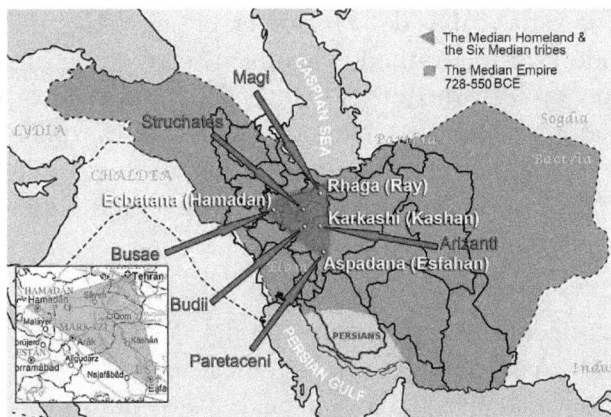

Media

Key Mirza, CC BY-SA 4.0 <https://creativecommons.org/licenses/by-sa/4.0>, vía Wikimedia Commons; https://commons.wikimedia.org/wiki/File:Median_Empire_Map_2222.jpg

Se cree que la civilización meda estaba formada por seis tribus, que más tarde se unificaron en una sola nación y fueron gobernadas por Deyoces. Las seis tribus residían en lo que se conocía como Media propiamente dicha, una región triangular comprendida entre Ecbatana, Aspadana y Rayy. Más allá de su ubicación geográfica, poco se sabe de las tribus, aparte de algunos datos básicos.

La tribu Busae se encontraba en la capital Ecbatana y sus alrededores, cerca de lo que hoy se conoce como Hamadan. La tribu Struchates también se encontraba en Ecbatana. La tribu Paretaceni se encontraba en Aspadana y sus alrededores, lo que hoy se conoce como Ispahán.

La tribu Arizanti vivía en la provincia de Kashan y en sus alrededores. La tribu de los magos residía en Rayy, la actual Teherán. De las seis tribus, solo se sabía que los magos formaban parte de una casta sagrada que velaba por las necesidades espirituales del pueblo.

Lengua y religión medas

Se cree que los medos hablaban una lengua persa antigua llamada meda. Sin embargo, no se han descubierto textos escritos en esta lengua. Algunos registros posteriores muestran ejemplos de literatura meda, así como descubrimientos que algunos creen que son cláusulas escritas en las que Deyoces basó su gobierno. Aunque no se ha descubierto la lengua meda propiamente dicha, se encuentran palabras de origen medo en lenguas persas antiguas.

En cuanto a su religión, los medos eran paganos. Sin embargo, el zoroastrismo, una religión henoteísta (un dios principal con la posibilidad de la existencia de otras deidades menores), tiene sus raíces en esta época. Se cree que la tribu de los Magos proporcionaba consejo espiritual a los medos. También se considera que practicaban tradiciones comunes con la religión zoroástrica, por lo que se los considera vinculados a ella. En el siglo VI, el zoroastrismo había empezado a extenderse por el oeste de Irán.

Auge y caída del Imperio medo

Se cree que el Imperio medo duró unos 130 años. Durante ese tiempo, se cree que gobernaron cuatro reyes. Sin embargo, existen pruebas contradictorias sobre la identidad de estos reyes y la duración de su reinado. No obstante, los historiadores han identificado y calculado que cada uno de los cuatro reyes y su periodo de gobierno fueron los siguientes:

- Deyoces, siglo VII a. e. c.
- Fraortes, mediados del siglo VII a. e. c. (22 años)
- Ciáxares, finales del siglo VII a. e. c. hasta principios del VI a. e. c. (40 años)
- Astiages, de principios del siglo VI a. e. c. a mediados del VI a. e. c. (35 años)

El gobierno de Deyoces

A Deyoces se le atribuye la unificación de los medos, pero sería más exacto decir que los medos se unieron y luego lo eligieron a él como líder. Era un juez de renombre y se lo consideraba justo e infalible. Cuando los medos empezaron a rebelarse contra las incursiones asirias, Deyoces aprovechó la oportunidad para intentar establecer un sistema de justicia en su propio pueblo.

Esta empresa pronto se extendió a otras aldeas medas, y a menudo se acudía a él para que ayudara a resolver problemas locales. Abrumado por la fama que había acumulado como juez y árbitro, dimitió. En respuesta, los medos decidieron nombrarlo rey, y gobernó durante aproximadamente 53 años.

Deyoces nombró guardias para su protección y se dispuso a construir la capital meda, que estaba rodeada por siete círculos concéntricos. Ecbatana debía ser el punto de unión de los medos dentro de Media propiamente dicha. Dentro de la ciudad, Deyoces también construyó un castillo fortificado, desde donde podía gestionar los asuntos del imperio. La ley y el orden de Deyoces incluían el nombramiento de «observadores» y «oyentes», algo similar al término «ojos y oídos del rey».

Al establecer su propio reino, Deyoces se convirtió en el primer rey medo en independizarse de los asirios. Sin embargo, sus actividades también llamaron la atención del rey asirio, Sargón II. Deyoces se convirtió en una amenaza más importante para Sargón cuando ofreció su lealtad al rey de Urartu, Rusa I, contra los mannai, aliados de Asiria. Su anterior participación en una fallida rebelión contra los mannai selló su destino. Sargón entró en Media, capturó a Deyoces y lo exilió a la actual Siria.

El legado de Deyoces: Fraortes

El segundo rey del Imperio medo ocupaba originalmente el cargo de jefe de la aldea de Kar Kashi. Durante su reinado, se cree que siguió librando guerras contra los asirios, aunque no logró derrocar a ese imperio. Fraortes estableció una alianza con los cimerios, una tribu nómada del este de Irán, contra los asirios.

Se cree que durante sus veintidós años de gobierno, Fraortes conquistó a los persas y a otras tribus asiáticas menores de la época. Sin embargo, poco se sabe en realidad de su gobierno debido a los relatos poco fiables y a las escasas pruebas. Sus sometimientos se produjeron bajo la dirección del Imperio asirio hasta que rompió la alianza temporal y entabló batalla contra ellos. Los asirios tomaron la ofensiva y Fraortes murió en el campo de batalla. Los asirios tomaron entonces las tierras que él había conquistado como parte de su propio imperio.

El legado continúa: Ciáxares

A Fraortes le sucedió su hijo Ciáxares hacia el año 625 a. e. c. Se alió con los babilonios y emprendió la lucha contra los asirios, sitiando su capital, Nínive, en la Alta Mesopotamia.

El asedio duró tres meses antes de que el ejército invasor pudiera romper las defensas de la ciudad. La ciudad cayó rápidamente, y fue incendiada y saqueada por los medos y los babilonios. El rey asirio, Sin-shar-ishkun, murió en la batalla, y Ashur-uballit II, posiblemente hijo de Sin-shar-ishkun, ocupó el trono.

Se cree que la caída de Nínive supuso un duro golpe para el Imperio asirio. Durante los tres años siguientes, el Imperio neoasirio luchó, pero finalmente cayó ante los medos y los babilonios. En las décadas siguientes, el Imperio asirio desapareció casi por completo.

Ciáxares fue un líder militar de éxito y lanzó campañas contra asirios y escitas. Se centró en la eficiencia militar, reorganizando el ejército en base a las designaciones de arqueros, lanceros y caballería. También instituyó uniformes distintos.

Durante sus cuarenta años de gobierno, sometió al reino de Mannai y a los urartianos, que vivían en la actual Armenia.

Tras la caída de Nínive y Nimrud, la alianza medo-babilónica se apoderó de las tierras asirias, que se repartieron entre los dos para gobernar. Los medos tomaron Harrán, que se convirtió en la capital asiria tras la caída de Nínive. Así pues, fue Ciáxares quien finalmente derrotó a los asirios y estableció el Imperio medo como una fuerza considerable.

La caída de los escitas

Los escitas eran un pueblo del este de Irán que emigró de Asia central a la estepa póntica. Su habilidad para la guerra a caballo les permitió dominar a los cimerios de la región y cruzar el Cáucaso. Esto llevó a los escitas a invadir Asia occidental con frecuencia. Tras invadir Oriente Próximo, se asentaron en la región de Mannai, en el noroeste de Irán.

Al principio, los escitas utilizaron sus habilidades marciales como mercenarios y tuvieron mucho éxito en Oriente Próximo y Asia Menor. Los escitas también dirigieron un ejército contra los asirios en Mannai a principios del siglo VII a. e. c., pero acabaron siendo derrotados.

Tras perder Mannai, los escitas lanzaron una serie de ataques contra los asirios, llegando hasta Egipto, que había estado bajo dominio asirio. El entonces rey de Egipto, Psamético I, sobornó a los invasores para que se retiraran a Siria. Al mismo tiempo, los asirios se enfrentaban a una crisis provocada por las guerras civiles y la campaña medobabilónica.

Los asirios forjaron una alianza con los escitas, que les ayudaron durante el asedio a Nínive. Esto condujo a una batalla entre medos y escitas, que se saldó con la derrota de los medos. Esta derrota llevó a Ciáxares a buscar venganza, e invitó a un gran número de escitas a un banquete. Allí se embriagaron y fueron asesinados por los medos.

El último rey de Media: Astiages

Astiages, hijo de Ciáxares, fue el último de los reyes medos. Antes de su muerte, Ciáxares había librado una guerra de cinco años con el reino lidio en Anatolia occidental. La batalla de Halys (también conocida como la batalla del Eclipse) puso fin a la guerra a favor de los medos justo antes de la sucesión de Astiages al trono. Como resultado, heredó un vasto imperio, que incluía muchas tierras asirias.

Los relatos existentes sobre el gobierno de Astiages ofrecen imágenes contradictorias: algunos lo describen como cruel y otros como un líder benévolo. Una creencia común, que muchos consideran un mito, es que Ciro el Grande era nieto de Astiages a través de su hija. Astiages intentó matar a Ciro cuando aún era un niño basándose en un sueño que indicaba su caída a manos de Ciro. Sin embargo, no hay pruebas sólidas que respalden esto.

Astiages fue derrotado a manos de Ciro el Grande, que dirigió una guerra contra él hacia mediados del siglo VI a. e. c. Los medos se defendieron y acabaron sitiando y saqueando Ecbatana. Los medos contraatacaron, lo que condujo al asedio y saqueo de Ecbatana. Astiages fue hecho prisionero y la caída de la capital del imperio marcó su fin. El otrora gran Imperio medo cayó bajo el dominio persa.

El legado del Imperio medo

El Imperio medo no duró mucho. Comparado con el Imperio persa que le siguió, el Imperio medo fue un parpadeo en la historia de Irán. Sin embargo, no se pueden subestimar las aportaciones del imperio a la historia, la cultura y la religión de la región. La caída del Imperio asirio a manos de los medos cambió el curso de Irán y allanó el camino para el siguiente gran imperio.

Los escasos testimonios escritos sobre el Imperio Medo dificultan la posibilidad de conocer con detalle los acontecimientos ocurridos durante su gobierno. Lo poco que se sabe sobre el imperio a partir de las pruebas arqueológicas recuperadas y los escritos de civilizaciones vecinas demuestra que la monarquía meda experimentó un gobierno exitoso. Su economía y su ejército prosperaron. Justo antes de su caída, había acumulado una gran extensión geográfica. Pero esta región cayó bajo el dominio persa.

SEGUNDA PARTE:
LOS PERSAS - AUGE Y APOGEO

Capítulo 3: Ciro el Grande

La dinastía aqueménida fue uno de los imperios más poderosos del mundo. El éxito de Ciro II (más conocido como Ciro el Grande) se refleja en la expansión militar y geográfica del Imperio persa. El Imperio aqueménida creció hasta convertirse en el mayor de su época, extendiéndose desde Anatolia hasta el subcontinente indio y Asia central.

A Ciro el Grande también se le atribuye la introducción de muchas prácticas innovadoras en su reino. Aunque un mito popular cree que Ciro descendía de Astiages, como nieto destinado a derrocar el Imperio medo, fuentes históricas sugieren que descendía de Teispes, hijo de Aquémenes, a quien se atribuye la fundación del clan aqueménida.

El desarrollo del Imperio persa comenzó con las conquistas de Ciro el Grande. Aunque continuó creciendo y avanzando después de su gobierno, el liderazgo de Ciro creó los cimientos del mayor imperio del mundo antiguo.

Los primeros años de Ciro el Grande

Ciro el Grande

DiegoColle, CC BY-SA 4.0 <https://creativecommons.org/licenses/by-sa/4.0>, vía Wikimedia Commons; https://commons.wikimedia.org/wiki/File:Cyrus_the_Great_of_Persia.jpg

Ciro el Grande nació de Cambises I en el siglo VI a. e. c. Antes de él, su padre, su abuelo (Ciro I) y su bisabuelo (Teispes) ocuparon el trono de Anshan. Ciro se casaría más tarde con Casandana, hija de Farnaspes, que le dio dos hijos, Cambises II y Bardia, y tres hijas, Atosa, Artistona y Roxane. Tras la muerte de su esposa, Ciro declaró luto público, que duró seis días.

Aunque muchos eruditos creen que Ciro no estaba emparentado con Astiages, sigue siendo una creencia popular y merece la pena estudiarla. Según la leyenda, Astiages soñó que su nieto crecía para derrocar su reino y matarlo. Temeroso de que esto se hiciera realidad, ordenó el asesinato de su nieto, operación que finalmente fracasó. En lugar de matar a Ciro, el niño fue entregado a una familia de pastores.

Cuando Astiages descubrió que Ciro seguía vivo cuando el niño tenía diez años, decidió no matarlo. Ciro fue devuelto a su verdadera familia y, al parecer, pasó mucho tiempo en la corte de Astiages. Si damos crédito a la leyenda, el sueño de Astiages acabó haciéndose realidad, ya que Ciro creció y derrocó al Imperio medo. La verdad sobre la ascendencia de Ciro sigue siendo objeto de debate, y es probable que la historia de Astiages intentando matar a Ciro en su infancia no sea más que una leyenda.

El ascenso de Ciro II

Cuando Ciro se convirtió en rey de los aqueménidas a mediados del siglo VI, el trono era vasallo del rey medo Astiages. No está claro qué fue lo que provocó finalmente el conflicto entre los medos y los persas, que aún guardaban lealtad a los medos. En cualquier caso, Astiages envió un ejército, bajo el mando de su general Harpago, para atacar a Ciro.

Sin embargo, Harpago guardaba cierta enemistad con Astiages. En lugar de atacar a Ciro, lo animó a rebelarse. Desertó a favor de los persas, llevando consigo a la mitad del ejército bajo su mando. Se cree que la revuelta persa duró unos tres años. Terminó con la toma de la capital meda, Ecbatana.

La batalla de Hyrba

La batalla de Hyrba fue el primer enfrentamiento entre persas y medos. Fue durante esta batalla cuando Harpago se volvió contra Astiages. Según la leyenda, Harpago informó a Ciro de la batalla con antelación, dándole tiempo para prepararse.

Ciro habría escrito a su padre pidiéndole que preparara la caballería y la infantería. Llevó a estos hombres a Hyrba, donde destruyeron a los medos. Astiages se dio cuenta de que ya no se trataba de una revuelta, por lo que trató de invadir y destruir a los persas. Ciro había demostrado su valía y comenzó a expandir su imperio.

Batalla de la Frontera Persa

Tras la batalla de Hyrba, los persas se dirigieron a la frontera persa para protegerla de los medos. Astiages marchó a la frontera y se enfrentó a los persas en combate.

Esta batalla no fue tan intensa ni emocionante como la de Hyrba. Duró dos días y Cambises luchó junto a su hijo. Aunque los persas demostraron su valía, no fue una victoria muy convincente. Aun así, estaba claro que los medos estaban en desventaja.

No está claro cuántas batallas libraron los medos y los persas, aunque se cree que la lucha duró tres años. Al final, Ciro salió victorioso al capturar la capital, Ecbatana. También capturó a Astiages y lo llevó de vuelta a su patria en Persia, donde permaneció hasta su muerte. Tras esta victoria, Ciro construyó la ciudad de Pasargada, que serviría de capital. La ciudad constaba de varios edificios monumentales, dos palacios y las tumbas de Ciro y Cambises II.

Principales conquistas de Ciro el Grande

Además de los medos, Ciro logró conquistar otros dos grandes imperios: el reino anatolio de Lidia y el imperio babilónico de Mesopotamia. Bajo el gobierno de Ciro, los reinos de Oriente Próximo se unieron en una sola nación, creando el mayor imperio de su época. Su hijo, Cambises II, pudo adquirir más tarde regiones del noreste de África.

La habilidad y eficacia con que Ciro expandió su reino hablan de su capacidad como gobernante y líder militar. Sentó las bases de un imperio que duró más de dos siglos.

Conquista de Lidia

Antes de la ascensión de los medos, Lidia había sido aliada de los asirios. Durante la campaña meda contra Asiria, los medos forjaron una alianza con los cimerios. El reino lidio había sufrido constantes invasiones cimerias, por lo que la alianza entre medos y cimerios no ayudó en nada, y las dos naciones siguieron en guerra durante el dominio medo. Cuando los persas conquistaron a los medos, los lidios se fijaron en la potencia emergente. Su rey, Creso, dudaba de la llegada de Ciro al poder.

Siguiendo un mensaje divino del oráculo griego de Delfos, Creso decidió liderar una campaña contra los persas. A mediados del siglo VI, lanzó un ataque sorpresa contra los persas a través del río Halis, creyendo que estaba destinado a destruir el imperio en ascenso. La batalla de Pteria no tuvo un resultado concluyente y el ejército lidio se retiró hacia su patria.

En un movimiento estratégico, Ciro persiguió a los lidios con la esperanza de lanzar un ataque sorpresa en su capital, Sardes. Los dos ejércitos se encontraron en Timbrea. Aunque los lidios estaban desprevenidos, superaban ampliamente en número a los persas. La batalla de Timbrea fue el último enfrentamiento entre persas y lidios. Ante la desventaja numérica, Ciro recurrió a la táctica. Durante la batalla, los persas colocaron en primera línea sus camellos de equipaje, montados por soldados de caballería. El hedor de los camellos repelió a los caballos lidios, desbaratando su ataque.

Los persas lucharon y sitiaron durante catorce días Sardes, donde los lidios se habían retirado. La ciudad cayó y los persas conquistaron Lidia, poniendo fin a más de seis siglos de independencia.

En lugar de destruir la nación recién conquistada, Ciro mantuvo su actitud tolerante. Permitió que continuaran las culturas, leyes, religiones y tradiciones locales y admitió a Creso en la corte de Ciro. La actitud tolerante de Ciro ayudó al gobernante persa a ganarse la lealtad del pueblo lidio.

La caída de Babilonia

La caída de Babilonia está marcada por la batalla de Opis, que tuvo lugar alrededor del año 539 a. e. c. No se sabe mucho sobre los acontecimientos específicos de la batalla, que fue el encuentro final entre persas y babilonios. Las fuentes escritas sobre este enfrentamiento final hablan de Ciro luchando contra el ejército de Acad, que se refiere al Imperio babilónico. Pero no se sabe quién dirigía el ejército y parece que nunca ha quedado constancia de ello. Sin embargo, la creencia popular es que el hijo del rey babilonio Nabonido, Baltasar, dirigió el asalto final contra los persas.

Poco se sabe del ejército babilonio o de sus capacidades militares. Sin embargo, se cree que los babilonios sufrieron una derrota rápida y repentina. Es posible que los babilonios no estuvieran preparados para la embestida de los persas.

Babilonia ya estaba sufriendo en la esfera geopolítica en la época de la batalla de Opis. Estaba rodeada por los persas tanto al este como al oeste y por los fenicios al norte, lo que la hacía más vulnerable a los ataques y corría el riesgo de quedar atrapada. Los graves problemas sociales y económicos del Imperio babilónico ya se habían enraizado y estaban causando estragos. La región sufría plagas y hambrunas, y el enfoque religioso poco ortodoxo de su rey ya había puesto a los babilonios en su contra. Ciro utilizó este malestar y agitación en la región en su beneficio. Se cree que Ciro llegó a un acuerdo con un gobernador provincial babilonio para que desertara y se pasara a los persas, lo que puso la región de Guti bajo el control de Ciro. Guti era una frontera de importancia estratégica que permitía una fuerte ofensiva persa.

La batalla se saldó con una decisiva derrota babilónica. Tras su victoria, los persas saquearon la ciudad. Algunas fuentes históricas sugieren que se llevaron a cabo masacres contra los babilonios; sin embargo, la base y la exactitud de tal creencia no están confirmadas.

Poco después, se dice que la ciudad babilónica de Sippar se rindió a los persas, que marcharon sobre Babilonia sin oponer más resistencia. Babilonia era la última gran potencia de Asia occidental que aún no estaba bajo dominio persa. Más tarde, Ciro el Grande fue declarado rey de Babilonia, poniendo fin a su independencia.

En 530 a. e. c., Ciro el Grande dirigió una campaña en Asia central contra los masagetas. Fue asesinado, aunque las fuentes difieren en cómo. La mayoría cree que murió mientras luchaba, aunque algunos creen que fue asesinado por Tomiris, la reina de los masagetas.

Independientemente de cómo muriera, Ciro dejó un vasto y próspero imperio a su hijo Cambises II, aunque su gobierno duró poco y tuvo menos éxito que el de su padre.

El legado persa: Ciro el Grande

Ciro el Grande es recordado como un líder con muchos logros, el mayor de los cuales es el imperio que amasó en un lapso de solo treinta años. Se apoderó de tres grandes dinastías y las unificó bajo el imperio persa. Durante ese tiempo, también se labró una reputación de gobernante benévolo y justo, de la que aún hoy se citan ejemplos.

El crecimiento del Imperio persa no tuvo precedentes y llevó la cultura persa a la esfera mundial. El auge y la difusión de la literatura, la filosofía y la religión persas se vieron impulsados por el crecimiento del imperio y la expansión geográfica de su población. Los logros de Ciro forman una parte muy notable de la historia antigua que sigue teniendo un gran impacto en los tiempos modernos.

Como gobernante, Ciro el Grande fue conocido por muchos títulos, como «el Grande», «el Anciano», el «rey de reyes» y el «rey de los cuatro rincones de la Tierra», todos los cuales hablan de su carácter como gobernante y conquistador. Era conocido por su excepcional tolerancia hacia los diferentes pueblos, ya que permitía la práctica de las religiones y culturas locales en cualquier tierra que conquistara. Su sistema de gobierno honraba la libertad, la independencia y los derechos civiles, rechazando cualquier idea de que los gobernantes de su época tuvieran que adoptar un enfoque vicioso y autocrático. La aptitud militar de Ciro queda ejemplificada por el tamaño de su imperio, que se extendía desde el mar Mediterráneo hasta el río Indo.

El Imperio persa llegó a construir la mayor red de carreteras de su época. Con el Camino Real, los persas pudieron establecer conexiones comerciales por todo Oriente Próximo. Esta red de carreteras, combinada con el legado de diplomacia y tolerancia que dejó Ciro el Grande, marcó el éxito del imperio.

Ciro el Grande también aparece en la Biblia. Aparece como un libertador, como el Mesías que liberó a los judíos del cautiverio babilónico.

No hace falta decir que la influencia de Ciro el Grande puede apreciarse en su estilo de liderazgo y en el éxito del imperio que construyó.

Capítulo 4: Cambises II y la caída de Egipto

Tras la muerte de Ciro II en 530 a. e. c., su hijo asumió el trono. Cambises II heredó lo que era, en aquel momento, el mayor imperio que jamás había existido. Aun así, siguió los pasos de su padre y llevó a cabo campañas para expandir el imperio. Aunque muchas de sus cruzadas tuvieron éxito, Cambises II no poseía la habilidad de su padre para la estrategia y la planificación, por lo que acabó perdiendo algunas tierras conquistadas anteriormente.

Antes de la muerte de su padre, Cambises II ya había asumido muchas funciones reales. Se sabe que durante las fiestas de Año Nuevo actuaba como rey en lugar de su padre. Cambises fue responsable en gran medida de la gestión de los asuntos babilonios y fue nombrado regente mientras Ciro hacía campaña en el este. Sirvió oficialmente como virrey de Babilonia hasta su ascensión al trono.

Cambises II

Cambises II
https://commons.wikimedia.org/wiki/File:Cambises_II_capturing_Psamtik_III.png

Cambises II era el primogénito de Ciro y Casandana, lo que lo convertía en heredero al trono. Los informes históricos sugieren que Cambises tenía un hermano menor, Bardia (también conocido como Esmerdis), con quien tuvo una rivalidad cuando Cambises se convirtió en rey. Esta misma rivalidad habría provocado la muerte del segundo rey de la dinastía aqueménida.

Tras la conquista de Babilonia, Cambises fue nombrado príncipe heredero de la región y más tarde actuó como virrey. El Cilindro de Ciro, que es una importante prueba que habla de aspectos del gobierno de Ciro, también menciona que Cambises fue bendecido por Marduk, el dios patrón de Babilonia. Debido a la temprana implicación de Cambises en los asuntos babilónicos, a menudo se lo denominaba rey de Babilonia mucho antes de que realmente ostentara el título.

Los registros históricos difieren sobre el matrimonio de Cambises. Algunos sugieren que se casó con Fedimia, hija de Otanes, de quien se cree que era hermano de Casandana. Otras fuentes sugieren que pudo haberse casado con sus dos hermanas de sangre, Atosa y Roxana. Este tipo de relaciones incestuosas eran parte aceptada del zoroastrismo, por lo que es posible que esto ocurriera. Sin embargo, no hay pruebas definitivas de que existiera tales matrimonios.

También existen algunos informes de que Cambises II era un «rey loco». En su mayoría proceden de los relatos de Heródoto, un historiador griego que registró las guerras greco-persas con gran detalle. Aunque Heródoto ofrecía muchos ejemplos que creía que indicaban la locura de Cambises —como su supuesto matrimonio con sus hermanas—, hay pocas pruebas que lo respalden. Se cree que tales opiniones son producto de la tradición oral transmitida entre los egipcios. En cualquier caso, se cree que Cambises tuvo bastantes problemas durante su gobierno como rey del Imperio aqueménida.

Persia bajo Cambises II

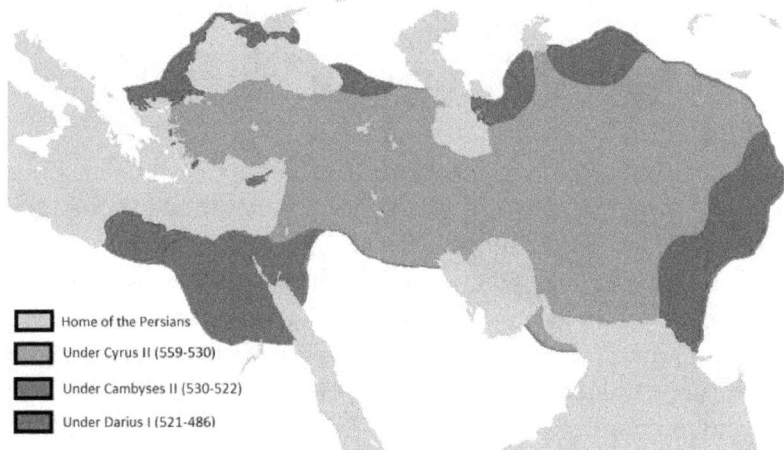

Home of the Persians
Under Cyrus II (559-530)
Under Cambyses II (530-522)
Under Darius I (521-486)

El Imperio persa

Como Ciro ya había nombrado regente a su hijo mayor antes de su muerte, Cambises pudo hacerse con el trono persa sin problemas. Más concretamente, Cambises recibió el título de rey de Babilonia y rey de las tierras, y desempeñó estas funciones en nombre de su padre hasta la muerte de Ciro. No hay mucho que contar de los primeros años de gobierno de Cambises, ya que fueron bastante tranquilos. Una breve hambruna de dos años en Babilonia en ese período suscitó algunas preocupaciones. Muchos creían que era un indicio de la desaprobación del dios hacia el nuevo rey.

El primer acontecimiento destacable en el que participó Cambises como rey regente fue su investidura como rey de Babilonia durante la ceremonia del Año Nuevo. Esta celebración significaba la aprobación divina del nuevo rey y era una tradición importante en la cultura babilónica. Dado que Ciro había creado una reputación de tolerancia religiosa y aceptación dentro de su imperio, la participación de Cambises era crucial. Sin embargo, poco se sabe sobre los detalles exactos de los rituales y costumbres de la ceremonia.

Lo poco que se sabe se basa en gran medida en el relato de Heródoto e indica la desaprobación del pueblo hacia el nuevo rey. Al parecer, Cambises se presentó a la ceremonia con la vestimenta equivocada y rodeado de guardias armados. La tradición babilónica prohibía la presencia de armas durante la procesión y se cree que se ganó el disgusto de los sacerdotes presentes en la ceremonia.

Finalmente, Cambises abandonó sus funciones de gobernante en Babilonia. No está claro cuáles fueron los motivos de la dimisión, pero muchos creen que los acontecimientos de la celebración del Año Nuevo pudieron haber contribuido, al menos en parte. También pudo deberse a sus otros compromisos como rey de Persia. Cualquiera que fuera la razón, este movimiento dio lugar a especulaciones sobre la capacidad de Cambises para ejercer como rey del Imperio aqueménida.

Si tuvo éxito o no como rey es una cuestión de perspectiva. Su logro más notable fue la conquista de Egipto, una campaña que había sido planeada por Ciro. Sin embargo, el gobierno de Cambises sobre Egipto está rodeado de controversia y afirmaciones de que no era apto para el cargo.

La conquista de Egipto

Dado que la conquista de Egipto había sido planeada por Ciro el Grande, es probable que se hubiera aventurado en África tras su fallida campaña contra los masagetas. Dado que Ciro murió en batalla allí, Cambises emprendió la que sería la conquista más importante y significativa de su reinado. Egipto fue conquistado en el año 525 a. e. c., cinco años después de que Cambises se convirtiera en rey.

El ataque a Egipto no fue una sorpresa, y los egipcios estaban preparados para hacer frente al ejército persa. Los egipcios habían forjado una alianza con los samios de la isla griega de Samos, que podían proporcionar apoyo naval. Esto habría ayudado a lanzar un ataque a lo largo de la ruta que debían tomar para llegar a Egipto. También contaron con la ayuda de mercenarios de Grecia y Caria.

El caso de Egipto

La derrota de Egipto a manos de los persas fue el resultado de un movimiento estratégico y eficaz de Cambises II. Un aspecto especialmente venerado de la antigua cultura egipcia era el culto a los gatos. Se los asociaba con la diosa Bastet, que a menudo aparece en el arte egipcio como una mujer que posee la cabeza de un gato.

Bastet era venerada como la diosa de la domesticidad, el parto, la fertilidad y los gatos. Protegía a los hogares de las enfermedades y los espíritus malignos, sobre todo los que podían afectar a los niños y las mujeres de la casa. Como diosa venerada, ofenderla suponía un severo castigo.

Hacer daño a los gatos era una de las formas en que se podía ofender a la diosa Bastet. Los gatos eran sagrados para los antiguos egipcios, por lo que herir a uno era una ofensa punible. Matar a un gato conllevaba la pena de muerte para el infractor. Y la derrota de Egipto a manos de los persas se debió a su gran estima por los gatos. Cambises II conocía el papel que desempeñaban los gatos en su cultura y lo utilizó a su favor para conquistar Egipto.

La batalla de Pelusio

Los relatos históricos sobre lo que ocurrió antes de la conquista de Egipto sugieren que el faraón Amosis II de Egipto ofendió a Cambises II, lo que condujo a la guerra. Sin embargo, se cree que Cambises ya se había estado preparando para una campaña, ya que era algo que su padre había planeado hacer antes de fallecer. Al parecer, el rey persa había pedido la mano de la hija de Amosis en matrimonio. En lugar de negarse, Amosis habría enviado a Persia a la hija de su predecesor. Nitetis, la hija enviada, también se sintió ofendida, ya que iba en contra de la costumbre egipcia regalar mujeres a gobernantes extranjeros. Fue adornada con ropas y oro y presentada a Cambises como hija de Amosis.

Cuando Cambises descubrió el engaño, acusó a Amosis de enviarle la esposa equivocada y trató de vengarse por el insulto. Se hicieron preparativos para lanzar un asalto persa. Sin embargo, aunque muchas fuentes sugieren que Amosis había hecho algo para ganarse la ira del rey persa, no todas apoyan la historia de una esposa falsa.

Fuera cual fuese el motivo, parece que el ataque de Persia a Egipto era inevitable. El Imperio persa había experimentado un rápido crecimiento bajo el liderazgo de Ciro, y este tenía la región en el punto de mira antes de su muerte. La conquista asiria de Egipto también dejó la impresión de que Egipto era una tierra que se podía adquirir fácilmente. Egipto había estado mal equipado para hacer frente al asalto asirio, por lo que no parecía probable que pudiera hacerlo mejor contra las fuerzas superiores de Persia.

Cuando los dos ejércitos se encontraron en Pelusio, los egipcios fueron capaces de resistir el ataque. La ayuda de Grecia fue sin duda de gran ayuda, ya que la fuerza aliada pudo impedir que los persas avanzaran más. Pero Cambises utilizó su conocimiento de la religión egipcia para asegurar su victoria. Ordenó pintar la imagen de Bastet en los escudos de sus soldados e hizo que gatos, perros, ovejas y otros animales sagrados para los egipcios guiaran al ejército en la batalla.

Esto obligó a los egipcios a deponer las armas, ya que no querían disparar ni a la imagen de su diosa ni arriesgarse a dañar a los animales. Los que no se rindieron huyeron a refugiarse en Menfis. Los persas mataron a muchos en el campo de batalla de Pelusio aquel día y persiguieron a los demás, cayendo Menfis tras un asedio relativamente corto. De este modo, Egipto quedó bajo dominio persa. Psamético III, el hijo del faraón, había liderado la carga. Fue hecho prisionero, pero al parecer se lo trató bien hasta que intentó rebelarse contra los persas.

La conquista de Libia

La conquista persa de Libia fue más una cuestión de alianza. El rey de Cirene, una ciudad del este de Libia, probablemente no quería entrar en guerra con una fuerza como el ejército persa, y forjó una alianza con los persas tras su conquista de Egipto. Cuando el rey fue asesinado durante los disturbios en la región, la reina de Cirene, Feretima, extendió una invitación a los persas para que entraran en la región, con la intención de evitar más luchas y hostilidades. La expedición persa a Libia duró cerca de un año, y el resultado fue la conquista de Libia.

Los persas lograron infiltrarse hasta la actual Bengasi. Se instaló un rey leal a los persas y Cirenaica se convirtió en una región libia bajo control persa. Así permaneció hasta la rebelión egipcia y la derrota de la dinastía aqueménida por Alejandro Magno.

Los libios de Cirene y Barca, en el noreste de Libia, no se resistieron a la entrada persa; de hecho, aceptaron de buen grado la autoridad de Cambises. También le enviaron ofrendas como muestra de sumisión y aceptación de su gobierno. Para devolver el favor, Cambises envió a la viuda del faraón egipcio a Cirene.

Según otros relatos históricos, Cambises fracasó en sus campañas en Amón, al este del río Jordán, y Etiopía. Algunas fuentes sugieren que el motivo de la derrota fue la incapacidad de Cambises para dirigir a sus hombres. Según los relatos de Heródoto, Cambises ordenó a sus hombres marchar a Etiopía sin provisiones suficientes. Sin embargo, este relato no está respaldado por ninguna otra prueba, y parece más probable que los desafíos de la campaña, incluida la larga distancia, pudieran haber provocado la retirada de Cambises.

El ejército perdido

La leyenda del ejército perdido es uno de los grandes enigmas que rodean a Cambises II. Los relatos históricos narran un ejército de unos cincuenta mil hombres que marchó a Amón para atacar al oráculo que no legitimaba el gobierno de Cambises en Egipto. Se dice que este ejército llegó por última vez a la «Isla de los Bienaventurados», aunque no se sabe dónde se encontraba. El siguiente informe habla de una tormenta de arena que se abatió sobre las tropas, enterrándolas para siempre. Esa fue la última vez que se vio u oyó hablar de este ejército.

Desde entonces, muchos historiadores y exploradores han intentado recuperar pruebas arqueológicas que demuestren la existencia y la posterior pérdida de este ejército. No se ha encontrado ninguna prueba definitiva, aunque el descubrimiento de huesos humanos en 2009 en el desierto del Sáhara hizo especular con la posibilidad de que pertenecieran al ejército perdido de Cambises.

La locura de Cambises

Aunque la conquista de Egipto fue considerada el mayor logro de Cambises, algunas fuentes históricas lo citan como un gobernante incapaz. Sus acciones como faraón lo señalan como inestable. El historiador Heródoto dijo que estaba loco. No se puede decir con certeza si estos relatos son ciertos, pero sin duda pintan un cuadro de Cambises II como un hombre que no merecía las responsabilidades y deberes de un reino tan vasto como el Imperio persa.

Son muchos los defectos atribuidos a Cambises durante su reinado como faraón de Egipto. Aunque se atuvo a la tradición y asumió los títulos de «rey del Alto y Bajo Egipto» y «descendiente de Ra, Horus y Osiris», se cree que fue demasiado lejos. Algunas fuentes informan de que realizó una amplia propaganda para presentarse como el legítimo gobernante de Egipto y demostrar la legitimidad de su ascenso al trono. Al parecer, trató de presentarse como descendiente de egipcios. Se hizo coronar en el templo de Neith, la diosa creadora del universo, como ritual religioso e incluso hizo sacrificios a los dioses.

Se dice que Cambises cometió numerosos actos de brutalidad durante su gobierno sobre Egipto. Algunas fuentes afirman que saqueó templos, despreció la religión y a los dioses locales, y no dudó en profanar tumbas reales y otros lugares de importancia religiosa. Muchos de estos informes proceden de Heródoto; no existen otras fuentes ni pruebas arqueológicas recuperadas que respalden estas afirmaciones sobre el rey persa.

Cambises también fue acusado de matar a un toro sagrado para los egipcios, Apis. Se creía que el toro era la manifestación física del dios Ptah y, por tanto, era venerado por los egipcios. Según Heródoto, Cambises ordenó matar a Apis, lo que se oponía directamente al planteamiento de tolerancia religiosa de su padre. Como en el caso de las otras acusaciones, no hay pruebas que apoyen esta afirmación en otras fuentes o relatos sobre el gobierno de Cambises. La prueba más cercana es la orden de Cambises de enterrar a un Apis en un sarcófago, pero no hay reportes que ordenara matarlo.

Por último, Cambises también fue acusado de matar a su hermano, Bardia. Este último reclamaba el trono. Según algunos informes, a Cambises le preocupaba que Bardia pudiera impugnar su ascenso al trono y decidió hacer frente a esta posible amenaza eliminándolo. También hay muchas otras afirmaciones extravagantes, como que Cambises asesinó al hijo de uno de sus cortesanos. Es posible que ordenara el entierro prematuro de doce nobles persas y la ejecución de varios cortesanos. Estos ejemplos se utilizan para justificar la afirmación de que Cambises estaba loco y no era apto para gobernar.

Caída y legado de Cambises II

Aparte de su conquista de Egipto, Cambises II no pudo ostentar grandes logros a su nombre. Aunque al principio se creyó que había sido bendecido por los dioses cuando se convirtió en rey, esta idea se cuestionó más tarde a medida que avanzaba su reinado. En muchos sentidos, se lo consideraba un hombre que no supo ocupar el lugar de su padre.

Otros tienen una opinión diferente de su liderazgo y le atribuyen la introducción de muchas mejoras en el ejército persa. Consiguió expandir el Imperio persa, sobre todo con la conquista de Egipto, y el ejército persa llegó a ser conocido como uno de los mejores de su época.

Cambises II murió probablemente de una herida en el muslo que se infectó. Murió en Siria en el año 522 a. e. c. Su reinado fue relativamente corto y no terminó en los mejores términos. Tras su muerte, se inició una crisis sucesoria bastante sangrienta, que marcaría el futuro progreso y posterior declive del Imperio persa.

Capítulo 5: Darío I: Mirando hacia Occidente

Darío I sucedió finalmente a Cambises II como nuevo rey de Persia. Su reinado inicial estuvo salpicado de revueltas y rebeliones, impulsadas por los acontecimientos que condujeron a su gobierno. Durante esta época, el Imperio persa se expandió hacia el este, hasta el subcontinente indio, y hacia el oeste, incluyendo Tracia-Macedonia, en los Balcanes, y el Cáucaso. El crecimiento del imperio aportó mayor riqueza y poder al rey persa. Sin embargo, también le trajo mayores desafíos, ya que Darío rara vez tropezaba con un momento de alivio debido a una serie aparentemente interminable de guerras y revueltas.

Vida temprana

Darío I formaba parte de la nobleza aqueménida. Era hijo de Histaspes, gobernador provincial o sátrapa de Bactriana y Persia. Aunque Darío desempeñó un papel en el Imperio persa antes de su gobierno, no tenía ningún derecho hereditario legítimo al trono. Según los registros históricos, fue lancero durante la conquista persa de Egipto, y su padre había sido oficial del ejército de Ciro. Darío desempeñó un papel especial en el ejército de Cambises II, sirviendo como su portador de lanza, y estaba vinculado a la familia real por matrimonio.

Darío estaba casado con dos de las hijas de Ciro, Atosa y Artisona, con las que tuvo seis hijos. Atosa dio a luz a Jerjes, que sucedería a Darío como gobernante de Persia. Darío también estuvo casado con Parmis, hija de Bardia, que le dio un hijo. También se cree que se casó con otras dos mujeres nobles, con las que tuvo varios hijos.

Una historia popular de origen no verificado afirma que cuando Ciro estaba en su última campaña, tuvo un sueño en el que creía que Darío se apoderaba de su reino. Ya había instalado a Cambises como regente, por lo que Ciro sospechó de la traición de Darío. Ordenó a Histaspes que regresara a Persia y vigilara a Darío hasta su regreso. Los planes que Ciro tenía respecto a Darío nunca llegaron a materializarse, ya que este pereció durante la campaña.

Llegada al trono

En los relatos de Darío I diversos historiadores narran distintas circunstancias en las que Darío llegó al trono. El hilo conductor de estos relatos es el asesinato de Bardia, el hijo menor de Ciro el Grande, a manos de su hermano, Cambises II. Al parecer, Cambises lo hizo para suprimir cualquier idea de lucha por el trono, al que creía tener derecho.

La muerte de Bardia no fue divulgada y se creyó que un usurpador llamado Guamata había ocupado el trono haciéndose pasar por Bardia. Durante una revuelta que estalló entre el pueblo iranio, Guamata, bajo el nombre de Bardia, fue instalado como nuevo rey. Darío y otros seis nobles mataron a Guamata, y Darío tomó el trono para sí en 522 a. e. c.

Darío el Engañador

El sello de Darío
Osama Shukir Muhammed Amin FRCP(Glasg), CC BY-SA 4.0
<*https://creativecommons.org/licenses/by-sa/4.0*>, *vía Wikimedia Commons;*
https://commons.wikimedia.org/wiki/File:The_Darius_seal._Darius_stands_in_a_royal_chariot_bel ow_Ahura_Mazda_and_shoots_arrows_at_a_rampant_lion._From_Thebes,_Egypt._6th- 5th_century_BCE._British_Museum.jpg

Como Darío iba acompañado de seis nobles en su misión de deponer al falso rey, no está claro cómo fue elegido para ocupar el trono. Las fuentes, que no están totalmente verificadas, informan de que los siete hombres discutieron el futuro del reino. Algunos querían establecer una democracia, mientras que otros querían una oligarquía. Darío deseaba continuar con la monarquía y convenció a los demás de que una república conduciría a la corrupción en la región.

Según se dice, seis de los siete hombres decidieron realizar una prueba que determinaría quién sería el próximo monarca, y uno de ellos se abstuvo. La prueba consistía en montar a caballo fuera del palacio. El hombre cuyo caballo fuera el primero en relinchar con el sol naciente se convertiría en rey. Se cree que Darío I no quería dejar su reinado al azar y recurrió a artimañas para asegurarse de que su caballo fuera el primero en relinchar.

El plan de Darío fue llevado a cabo por su esclavo, que se puso en la mano el olor de una yegua preferida por el caballo de Darío. Al salir el sol, dejó que el caballo olfateara su mano. El caballo de Darío captó el olor de la yegua y relinchó. El destino quiso que un rayo y un trueno siguieran la llamada del caballo, y los demás hombres se arrodillaron inmediatamente ante Darío, aceptándolo como monarca. El trueno y el relámpago se interpretaron como una aceptación divina, y se creyó que Darío había sido elegido por los dioses para gobernar Persia.

Otros relatos sugieren que esta noticia del ascenso de Darío al poder podría ser falsa. Algunos creen que es una invención creada por Darío para legitimar su asesinato de Bardia y su propia ascensión al trono. Es cierto que Darío intentó obtener más apoyo para su gobierno afirmando que descendía de Aquémenes, el antepasado de Ciro el Grande, a quien se atribuye la fundación de la dinastía aqueménida. En realidad, Darío no tenía ninguna relación con Aquémenes y no pertenecía a la misma familia que Ciro.

Comienza la nueva monarquía

El comienzo del gobierno de Darío no fue tranquilo. Mientras que los seis nobles pudieron haberlo aceptado como rey de Persia y bendecido por voluntad divina, el resto del reino no lo hizo. No importaba si el hombre al que Darío mató era un usurpador o el hijo de Ciro. Se creía que ese hombre era Bardia, por lo tanto, se creía que Darío era el asesino del legítimo rey de Persia.

Darío se encontró con revueltas en todo el Imperio persa que fueron impulsadas por su asesinato de «Bardia». En las provincias orientales, en particular, incluyendo Media y Babilonia, se produjeron disturbios generalizados, con hombres que afirmaban ser el verdadero Bardia y establecieron gobiernos independientes. No se trataba de levantamientos coordinados, sino de rebeliones dispersas encabezadas por diferentes individuos y motivadas por diversos propósitos.

Las rebeliones dispersas supusieron una marcha inútil para el ejército de Darío, que reprimió y derrotó al menos a nueve líderes rebeldes. En el año 519 a. e. c. había puesto fin a la mayoría de los levantamientos. Al año siguiente, visitó Egipto, que había declarado estado rebelde por la insubordinación de su sátrapa, Ariandes. El sátrapa fue condenado a muerte y Darío pudo, por fin, establecer su autoridad como rey del Imperio persa.

La expansión del Imperio: la conquista del valle del Indo

La conquista del valle del Indo por el Imperio persa comenzó con Ciro el Grande, que invadió las regiones situadas al oeste del río Indo. El Imperio aqueménida pudo extender su control a regiones del actual Pakistán, y la campaña del valle del Indo continuó desde el siglo VI hasta el siglo IV a. e. c. Se cree que las relaciones comerciales de la India con Oriente Próximo la situaron en la órbita de la dinastía aqueménida. A partir del año 535 a. e. c., se cree que Ciro el Grande conquistó regiones tan lejanas como el río Indo. Otras fuentes sugieren que pudo haber conquistado regiones hasta Gandhara, situada en el noroeste de Pakistán.

Los registros persas de la campaña muestran que Darío I podría haber cruzado el Himalaya hacia el 518 a. e. c. y llegado hasta el río Jhelum. Las inscripciones persas durante el reinado de Darío hacen referencia a la expansión del dominio persa a una región llamada Hindush, que se cree que hace referencia al valle del Indo. Las fuentes sugieren que esta conquista no pretendía expandir el Imperio persa. Las frecuentes invasiones desde el norte llevaron a Darío a buscar regiones seguras para sus riquezas y posesiones en el este. La promesa de riquezas incalculables, como oro, marfil, pavos reales y simios, despertó su interés por lo que había en el valle del Indo.

Se cree que Darío encargó una expedición a lo largo del río Indo para descubrir regiones y rutas comerciales. La expedición comenzó en el norte, con sus hombres recorriendo la costa iraní, y terminó en Egipto. Según los informes, el rey persa ocupó una región no especificada cerca de Gandhara y estableció el Índico como ruta comercial a lo largo de la costa de Irán. La inscripción de Behistún, erigida por Darío cerca de Kermanshah, en Irán, afirma que las regiones de Gandhara e Hindush formaban parte de su imperio.

Una vez más, se sigue discutiendo a qué región concreta se refería Darío como Hindush. La mayoría de los historiadores coinciden en que debió de ser en algún lugar a lo largo del río Indo, ya que existen pruebas de la presencia persa. La mayoría cree que la región de Hindush podría incluir la actual provincia de Sindh, en Pakistán, mientras que unos pocos sostienen la creencia de que Darío podría haberse dirigido al noreste de Gandhara, aunque hay pocas pruebas que apoyen esta última afirmación.

Se cree que los persas construyeron muchas fortalezas a lo largo del río Indo, al menos una de las cuales albergó al gobernador persa en Hindush. La supuesta riqueza de la región era cierta, ya que se cree que hizo enormes aportaciones al tesoro persa en oro y otros metales preciosos.

La influencia persa en el valle del Indo tuvo el efecto de establecer mejores canales de comunicación entre las regiones, más allá de las relaciones comerciales. La administración organizada que llevaron consigo los persas tuvo un gran impacto en la gestión de la región. En el valle se introdujeron monedas acuñadas y se cree que los persas también llevaron a la región la lengua y los textos arameos.

A cambio, los conceptos indios de misticismo, religión y reencarnación se introdujeron en el pensamiento occidental. La influencia de estas enseñanzas y creencias puede encontrarse en las obras de filósofos del Próximo Oriente y griegos de la época. La aportación más notable del valle del Indo siguen siendo sus tesoros. También se cree que Darío I volvió a poner en uso un canal egipcio que puede haber servido como antecesor del moderno canal de Suez.

La guerra Escita

La guerra Escita fue una campaña dirigida por Darío I contra los escitas, una tribu nómada de habla iraní. Los escitas ya habían invadido Media durante el gobierno de Deyoces y habían sido derrotados, pero seguían siendo una molestia constante para el Imperio persa. Su revuelta durante el reinado de Darío amenazó el comercio entre Asia central y las regiones cercanas al mar Negro, ya que estas zonas estaban en manos de los escitas.

Como los escitas llevaban un estilo de vida nómada, pudieron evitar un enfrentamiento directo con el ejército persa. Los persas, por su parte, habían sufrido importantes pérdidas por las invasiones escitas, ya que los escitas destruían los alimentos en las regiones en las que entraban y envenenaban los pozos, el primer uso registrado de tácticas de tierra quemada.

Darío hizo construir un puente de barcos para cruzar el mar Negro, conquistando regiones de Europa oriental en su camino hacia los escitas. Su invasión de Escitia fue frustrante, ya que los escitas eludieron al ejército y avanzaron hacia el este, destruyendo el campo a su paso. Bloquearon pozos, destruyeron pastos y solo se enzarzaron en pequeñas refriegas con el ejército persa, pero en general mantuvieron la distancia al retirarse, lo que provocó que los persas los persiguieran.

Aunque la táctica de los escitas les ayudó a eludir un enfrentamiento directo, internando a los persas en tierras desconocidas, también provocó la pérdida de muchas tierras escitas. Los persas avanzaron hasta la actual Ucrania sin tierras que capturar y sin ejército con el que luchar. A pesar de todo, Darío seguía teniendo ventaja, ya que su ejército era capaz de sobrevivir de las tierras escitas cultivadas. Mientras tanto, los escitas arrasaron gran parte de sus tierras, dañándolos a ellos y a sus aliados en el proceso.

Al cabo de un mes de campaña, Darío se detuvo en Oarus, un río escita no identificado, donde construyó ocho fuertes como primera línea de defensa. Su ejército sufría fatiga, escasez de suministros y una enfermedad galopante. Darío no consiguió llevar a los escitas a un enfrentamiento directo, pero logró apoderarse de la mayoría de sus tierras o destruirlas. Los escitas, por su parte, no fueron derrotados por los persas, pero perdieron importantes territorios. La campaña concluyó en tablas, aunque se dice que los escitas empezaron a respetar al ejército persa. Temiendo una causa perdida, Darío abandonó la persecución de los escitas y dirigió sus ejércitos hacia Tracia.

Conquista de Tracia y Macedonia

Tras alejarse de Escitia, Darío desvió su atención hacia Tracia. Bajo el mando de su general Megabizo, el ejército persa se dirigió hacia el este. Tracia era conocida como una región populosa y, tras una exitosa campaña en torno al 514 a. e. c., Megabizo se dispuso a establecer el dominio persa en la región. Esto incluía expulsar a muchas de las tribus tracias de la región y transportarlas de vuelta a Persia, lo que pretendía debilitar a los lugareños en caso de un levantamiento y para que sirvieran como esclavos en Persia.

Después de Tracia, Megabizo dirigió su atención a Macedonia. La campaña macedonia no implicó el uso de la fuerza. Los persas exigieron que el rey macedonio se rindiera a la autoridad de Darío I. Megabizo exigió un tributo a base de tierra y agua. En un principio, los macedonios se rindieron pacíficamente, convirtiéndose en un estado vasallo de Persia. Tras la revuelta jonia, Macedonia ayudó a imponer la autoridad persa en los Balcanes.

Represión de la revuelta jonia

La conquista de los griegos por los persas comenzó con un intento de conquistar Naxos, una isla griega, hecho que finalmente fracasó. Los persas ya habían comenzado a ocupar regiones griegas tras su infructuosa persecución de los escitas. A principios del siglo V a. e. c., Aristágoras, el líder de Mileto, instó al sátrapa persa, Artafernes, a invadir Naxos. Con la bendición de Darío, su primo Megabates fue nombrado jefe del ejército persa. Una supuesta disputa entre Megabates y Aristágoras en el momento crucial antes de la campaña llevó a este último a traicionar a los persas.

Aristágoras no quería perder su posición como líder de Mileto, así que animó a los estados jonios a rebelarse. Los jonios, junto con tropas de Atenas y Eretria, capturaron e incendiaron Sardes en 498 a. e. c. Cuando emprendieron la marcha de regreso a Jonia, los siguieron las fuerzas persas. Un enfrentamiento condujo a la batalla de Éfeso, en la que los jonios fueron derrotados. En el 497 a. e. c., los persas lanzaron un triple ataque, intentando capturar las regiones perdidas por la rebelión. Las batallas resultantes no produjeron victorias concluyentes para ninguno de los bandos.

Para poner fin a la revuelta, el ejército persa atacó el corazón de la rebelión en Mileto en el 494 a. e. c. Los jonios intentaron derrotar a los persas con su fuerza naval, pero perdieron ante ellos durante la batalla de Lade. Mileto fue sitiada por los persas y capturada. Tras la deserción de los samios, la revuelta jonia llegó a su fin. La rebelión concluyó oficialmente con un tratado de paz, que obligaba a Jonia a pagar tributo a los persas.

Batalla de Maratón

Aunque los estados rebeldes habían vuelto al redil persa, Darío decidió que Eretria y Atenas debían ser castigadas por su participación en la revuelta. Darío envió un ejército para hacer frente a estas dos ciudades-estado. Eretria fue saqueada y los persas se dirigieron a Maratón, una ciudad situada a unos treinta kilómetros al noreste de Atenas.

La batalla de Maratón tuvo lugar en el año 490 a. e. c. Los atenienses contaron con la ayuda de una pequeña fuerza de los platenses, mientras que los espartanos se negaron a enviar ayuda, alegando la celebración de un festival religioso. Las fuerzas atenienses lograron bloquear las dos salidas de la ciudad y eligieron un terreno montañoso para la batalla. El territorio desconocido y accidentado dificultó el ataque conjunto de la caballería y la infantería persas.

Pese a que los atenienses se preparaban para la guerra, los persas los superaban hasta diez veces en número. Esta batalla requería el uso del ingenio sobre la fuerza, por lo que los griegos trazaron una estrategia de ataque directo y repentino contra los persas. Cuando el ejército contrario se acercó a paso ligero, los griegos, liderados por el general ateniense Milcíades, emprendieron una súbita carrera, forzando un inmediato combate cuerpo a cuerpo.

Tras unas horas de lucha, los griegos lograron romper las filas persas. Los registros muestran que los persas perdieron unos seis mil hombres aquel día, frente a solo unos doscientos soldados griegos caídos. El ejército persa cayó, y los griegos lo celebraron utilizando los bloques de mármol que los persas habían llevado al campo para celebrar su victoria construyendo un monumento en memoria de sus soldados caídos. Darío I se tomó la derrota como un insulto personal y juró vengarse; sin embargo, murió antes de poder llevar a cabo sus planes.

Sucesión y legado

Darío se disponía a dirigir una guerra contra los griegos cuando estalló una revuelta en Egipto. Los elevados impuestos de la región, unidos a la emigración forzosa de los artesanos egipcios, provocaron un creciente malestar contra el dominio persa. Esto desvió la atención de Darío de la campaña griega y empeoró su ya débil salud. Darío I murió poco después, en 486 a. e. c. Su cuerpo fue embalsamado y depositado en la tumba que él mismo había preparado en Naqsh-e Rostam.

El reinado de Darío el Grande se considera uno de los periodos más importantes del Imperio persa. A medida que este Imperio se expandía, las reformas introducidas por el rey mejoraban las condiciones de vida del pueblo. Las leyes que se introdujeron durante esta época sentaron las bases de las actuales leyes de Irán.

Capítulo 6: Jerjes I: El Imperio persa en su apogeo

Cuando Jerjes heredó el trono, también heredó una revuelta de la satrapía persa, incluidos los sátrapas de Egipto y Babilonia. Los persas estaban enfadados y humillados por su derrota a manos de los griegos. Así pues, Jerjes se enfrentó desde el principio a una enorme responsabilidad. Aunque el Imperio persa aún conservaba su poderío, las cosas empezaron a cambiar tras la muerte de Darío I.

El esfuerzo más notable de Jerjes durante su reinado sigue siendo su campaña contra los griegos. Sin embargo, no consolidó el dominio del Imperio persa, sino que supuso un duro golpe y puso en entredicho el liderazgo de Jerjes I.

La vida de Jerjes I

Jerjes I era hijo de Darío el Grande y sucedió a su padre en el trono persa. Mientras que la legitimidad del ascenso de Darío al trono estaba en entredicho, Jerjes era hijo de Atosa, la hija de Ciro, y, por tanto, procedía de la casa de la dinastía persa legítima. Según los relatos históricos, Jerjes fue criado como hijo de Darío y nieto de Ciro hasta que subió al trono.

Se cree que los príncipes persas fueron criados por eunucos hasta la edad de siete años. Primero se les enseñaba a montar a caballo y a cazar, y más tarde iniciaban su educación de la mano de maestros aristocráticos. Dado que el zoroastrismo era la principal religión practicada en el Imperio persa en aquella época, Jerjes recibió clases de esta religión. También sirvió en el ejército persa, logrando honores y medallas.

Se cree que la mayoría de los príncipes persas de la época fueron educados de forma similar. Queda la duda de si sabían leer y escribir, ya que los persas preferían la palabra hablada a la historia escrita. Jerjes mantuvo su residencia principal en Babilonia hasta el fallecimiento de Darío I.

Ascenso al trono

Antes de la revuelta en Egipto, Darío I se había estado preparando para dirigir otra expedición a Grecia. Ya había nombrado regente a su hijo Jerjes I, aunque Darío nunca pudo partir hacia Grecia antes de su muerte. Jerjes se creía el legítimo heredero al trono. Sin embargo, se enfrentó a la oposición de su hermanastro, Artobazanes.

Artobazanes era el hijo mayor de Darío, por lo que creía tener derecho a la corona. Se cree que Darío eligió a Jerjes como sucesor debido al privilegio especial del que gozaba, al haber nacido de Atosa y ser nieto de Ciro el Grande. Jerjes también nació después de que Darío se hubiera convertido en emperador de Persia, lo que elevó el estatus de Jerjes como hijo de rey. En cambio, Artobazanes nació cuando Darío aún era plebeyo.

Jerjes también recibió el apoyo del rey espartano Demarato, de la línea Euripóntida, que en aquel momento se encontraba exiliado en Persia. Este apoyo, junto con la autoridad de la que gozaban Atosa y los descendientes de Ciro el Grande, ayudó a Jerjes a hacerse con la corona sin mucha oposición en 486 a. e. c.

La revuelta egipcia

La primera preocupación de Jerjes como rey fue la rebelión en Egipto, que había empujado a su padre a su lecho de muerte. Se cree que la revuelta llegó hasta la ciudad de Tebas, en el Alto Egipto, aunque es posible que no todos los egipcios apoyaran la oposición persa. Poco más se sabe sobre la naturaleza de la rebelión, su alcance y las medidas exactas que tomó Jerjes para abordarla.

Sin embargo, el consenso general es que el nuevo rey persa marchó a la región con su ejército y reprimió la rebelión. Según los escasos testimonios, instauró un sistema de esclavitud más severo en la región y nombró sátrapa a su hermano, Aquémenes II.

Invasión de Grecia

Tras restablecer la paz en el imperio, Jerjes estaba dispuesto a enfrentarse a Grecia y vengarse de su padre. Jerjes emprendió una de las mayores campañas de la historia de la dinastía aqueménida.

Se dice que los preparativos para la invasión de Grecia duraron entre tres y cuatro años. Se convocó a las tropas de todos los sátrapas y también se realizaron grandes esfuerzos navales. Se cree que la fuerza militar resultante fue la mayor jamás vista en la región en aquella época. Jerjes se tomó la campaña en serio y no dejó nada al azar.

Batalla de las Termópilas

La marcha de Jerjes sobre Grecia condujo a la batalla de las Termópilas, que se libró al mismo tiempo que la batalla de Artemisio. Mientras Jerjes reunía sus fuerzas para formar un poderoso ejército, los griegos no se quedaron de brazos cruzados. La alianza griega entre las distintas ciudades-estado estaba liderada por Atenas y Esparta. El rey espartano Leónidas dirigió el ejército en las Termópilas. Los griegos planeaban bloquear el avance persa en las Termópilas y, al mismo tiempo, bloquearlo en el mar, en el estrecho de Artemisio.

En el 480 a. e. c., un ejército griego de unos siete mil hombres marchó al mando de Leónidas a las Termópilas para bloquear el paso. El ejército persa superaba ampliamente en número a los griegos y se calcula que contaba con entre 70.000 y 300.000 hombres. Los griegos fueron capaces de contener el avance de un ejército muy superior durante siete días. A medida que avanzaba la batalla, los griegos lograron bloquear la única carretera que atravesaba el paso.

Los griegos podrían haber resistido más tiempo de no ser por las acciones de un residente local que mostró a los persas otro paso que discurría por detrás de las líneas griegas. Leónidas se dio cuenta de que la derrota era inminente y ordenó a la mayor parte del ejército que se marchara. Él se quedó atrás, junto con algunos espartanos, tebanos, tespios y helotas. Alrededor de dos mil griegos se quedaron atrás. No se rindieron a los persas y lucharon hasta la muerte.

El ejército persa había frustrado el plan griego de contener el avance en las Termópilas. Aunque los griegos sufrieron la derrota, la defensa de su hogar se sigue citando hoy en día como ejemplo de los beneficios del entrenamiento, el equipamiento y las estrategias tácticas.

Batalla de Artemisio

Los griegos planeaban bloquear a los persas por tierra en las Termópilas y a su fuerza naval en Artemisio. Los aliados griegos lograron reunir unas 271 trirremes para esperar a los persas en Artemisio bajo el mando de Temístocles. Antes de que los persas alcanzaran a los griegos, se vieron sorprendidos por un vendaval cerca de Magnesia y perdieron un tercio de su flota. Tras llegar a Artemisio, los persas intentaron de nuevo un movimiento estratégico y trataron de maniobrar alrededor de los griegos desde la costa de Eubea. Se vieron envueltos en otra tormenta y aproximadamente un tercio de sus barcos fueron destruidos.

La batalla continuó durante dos días, con pequeñas escaramuzas y enfrentamientos. La flota griega, mucho más pequeña, no podía permitirse tantas pérdidas. Estas escaramuzas no condujeron a una victoria decisiva. Una vez que las noticias de la derrota griega en las Termópilas llegaron a Artemisio, los griegos se dieron cuenta de que su posición en el estrecho era inútil, ya que se suponía que iba a ser un ataque combinado.

Los griegos decidieron retirarse a Salamina, permitiendo a los persas apoderarse de Artemisio. Los persas también entraron en Fócida, Beocia y el Ática. Incluso pudieron tomar Atenas, que ya había sido evacuada. Los persas se dirigieron entonces a Salamina, en busca de una victoria definitiva sobre los griegos.

Batalla de Salamina

Tras la toma de Atenas por los persas, Jerjes no estaba seguro de los pasos a seguir. Consultó a un consejo de guerra, cuya mayoría le recomendó perseguir a los griegos en Salamina y volver con una victoria decisiva. Solo Artemisia I de Caria, una griega aliada de los persas, recomendó a Jerjes que esperara a que se agotaran las provisiones de los griegos y se asegurara una victoria pacífica. Jerjes optó por seguir la opinión de la mayoría y marchó a Salamina.

La batalla naval que siguió en septiembre del 480 a. e. c. resultó ser una victoria decisiva para los griegos. Cuando el ejército persa, mucho más numeroso, se adentró en el estrecho de Salamina, su gran tamaño se convirtió en una desventaja. La flota persa luchó por maniobrar y organizarse, cayendo así en el caos. Aprovechando la oportunidad, los griegos, liderados por Temístocles, lanzaron una ofensiva.

Los persas fueron derrotados, y Jerjes optó por regresar a Persia. Sin embargo, dejó atrás a su comandante militar Mardonio para continuar la campaña griega. Mardonio lideraría a los persas en un enfrentamiento en Platea. Cuando Jerjes I regresó a casa, estaba humillado y derrotado, y poco quedaba de su ejército. Quedó muy reducido debido a la escasez de suministros en su viaje de regreso y a la enfermedad rampante entre las filas.

Batalla de Platea

En 479 a. e. c., el ejército persa dirigido por Mardonio se enfrentó a los griegos en Platea. Aunque los persas controlaban Tesalia, Fócida, Ática, Atenas, Beocia y Eubea gracias a sus victorias en las Termópilas y Artemisio, su derrota en Salamina les impidió hacerse con el Peloponeso, que habría conectado a los persas con la parte central de Grecia. Esta vez, la ofensiva fue lanzada por los griegos.

El ejército griego marchó fuera del Peloponeso, obligando a los persas a retirarse a Beocia y fortificarse cerca de Platea. Los griegos se dieron cuenta de que una nueva incursión en territorio dirigido por los persas acarrearía pérdidas, por lo que se negaron a avanzar, evitando un enfrentamiento directo durante once días. Mientras se replegaban debido a la escasez de suministros, Mardonio vio la oportunidad de atacar.

Sin embargo, el general persa había malinterpretado la situación, ya que los griegos no se estaban retirando del todo; en lugar de permitir que los persas los persiguieran, los griegos se detuvieron y lucharon contra los persas. La batalla resultante supuso la derrota del mal preparado ejército persa y la muerte de Mardonio. Los griegos atraparon a los persas en sus campamentos y masacraron a la mayoría de ellos. Los persas también sufrieron una derrota naval simultáneamente a este conflicto terrestre.

Batalla de Mícala

La batalla de Mícala, en 479 a. e. c., puso fin decisivamente a la segunda invasión persa a favor de los griegos. El enfrentamiento tuvo lugar frente a la costa de Jonia, a lo largo de las laderas del monte Mícala. Mientras los griegos atacaban a los persas en Platea, una flota se dirigió a Samos, una isla situada frente a Jonia. Se cree que los persas acamparon al pie del monte Mícala, con la esperanza de evitar la batalla.

Los griegos decidieron atacar los campamentos fortificados persas. El ejército persa no pudo resistir el ataque y se retiró a sus campamentos. Sin embargo, los miembros jonios del ejército persa desertaron, lo que provocó la derrota de los persas. Su campamento fue atacado, los persas masacrados y sus barcos capturados e incendiados. Las enormes pérdidas sufridas por la armada y el ejército persas reprimieron a los persas, poniendo fin a su invasión.

Lo que siguió a la derrota persa fue el inicio de la ofensiva griega contra los persas. En las grandes guerras greco-persas, su victoria contra los ejércitos de Jerjes fue un factor decisivo que selló el destino de Persia. Para Jerjes, fue una faceta cuestionable de su gobierno, ya que perdió a su ejército y el respeto del pueblo en esta humillante derrota ante Grecia.

Batalla de Eurimedón

Entre los años 469 y 466 a. e. c., los persas comenzaron a reunir fuerzas para dirigir un ataque contra los griegos. El ejército combinado y la fuerza naval se dirigieron hacia el Eurimedón. Se cree que la fuerza pretendía avanzar a través de Asia Menor, capturando ciudades por el camino. El plan persa consistía en obtener más bases navales y reconquistar zonas perdidas a manos de los griegos.

La noticia de los planes persas llegó a los griegos, que reunieron alrededor de doscientos trirremes para bloquear el avance persa. Antes de que los persas pudieran reunirse, los griegos atacaron cerca del río Eurimedón. Muchos de los marineros persas abandonaron sus barcos y huyeron a tierra.

Las fuerzas navales y terrestres griegas atacaron simultáneamente, destruyendo el campamento persa y más de doscientos trirremes persas. Los griegos también pudieron tomar muchos prisioneros. Esta doble victoria decisiva impidió cualquier otra acción por parte de los persas hasta el reinado de Artajerjes.

Jerjes tras Grecia

Los informes históricos sugieren que Jerjes se tomó muy mal el fracaso persa en Grecia. Se retiró a Persépolis. Toda la riqueza que pudo haber acumulado gracias a sus excesivos impuestos se vio rápidamente mermada por sus extravagantes planes de construcción. Solo en Persépolis, ordenó la construcción de un palacio llamado Apadana, un tesoro llamado la Sala de las Cien Columnas, y el Tripylon, o la «puerta triple», que conectaba el palacio y el tesoro.

Pocos relatos históricos hablan del reinado de Jerjes I tras su derrota a manos de los griegos. Se dice que se apartó de los asuntos políticos, retirándose a su harén y despreocupándose de los asuntos de Estado. Su derrota, así como su falta de implicación en el imperio, lo han convertido quizá en el gobernante más notorio de la dinastía aqueménida.

El rey asesinado

La impopularidad de Jerjes I puede haber contribuido a su muerte prematura y violenta. Encontró su fin en 465 a. e. c. cuando fue asesinado, junto con su hijo Darío II, por Artabano. Se cree que era una figura poderosa en la corte persa y probablemente el comandante de la escolta real.

Tras el asesinato de Jerjes, su hijo, Artajerjes I, buscó venganza. Mató a Artabano y reclamó el trono. El violento final del reinado de Jerjes y un comienzo similar del régimen de Artajerjes plantearon una serie de problemas en el imperio. El pueblo de Persia ya había tenido problemas bajo Jerjes I, y el cambio de emperadores no ayudó a mejorar la situación. Estallaron revueltas generalizadas en todo el imperio.

Capítulo 7: Artajerjes I y la revuelta egipcia

El reinado de Artajerjes I comenzó de forma muy similar al de su padre. Su sucesión al trono estuvo salpicada de violencia. En Egipto y Bactriana, en particular, se produjeron nuevas revueltas contra el dominio persa, y Artajerjes se vio obligado a enfrentarse dentro de su propio régimen para restablecer la paz.

El gobierno de Jerjes I había sido, cuando menos, notorio, y su reputación no ayudó a su hijo. Artajerjes siguió involucrado en conflictos similares a los de su padre. Sin embargo, hizo gala de una mejor estrategia y habilidad militar, utilizando tácticas astutas en lugar de la fuerza contra sus enemigos.

Artajerjes I se convierte en rey

Artajerjes I

Se dice que Artabano, comandante de la guardia del rey, educó a Artajerjes. Cuando Artajerjes buscó venganza por el asesinato de su padre a manos de Artabano, mató al culpable y a sus hijos, al primero en un enfrentamiento cuerpo a cuerpo. Tras ello, se convirtió en el emperador Artajerjes I de Persia en 465 a. e. c.

Reinar en una Persia dividida no era tarea fácil, y estas nuevas hostilidades aumentaron el malestar dentro del imperio. En Egipto estalló otra revuelta preocupante, que supuso un reto considerable para el nuevo rey. Antes de su muerte, Jerjes I había estado planeando otra incursión en

Grecia, que no prosperó antes de su asesinato. Artajerjes I asumió esa nueva responsabilidad cuando heredó el trono.

A menudo se hacía referencia a Artajerjes I como Longímano, al parecer debido a una mano derecha más larga. Estaba casado con Damaspia, que dio a luz a su hijo y heredero, Darío II. No se sabe mucho de Damaspia, pero algunos informes sugieren que pudo morir el mismo día que Artajerjes.

El problema griego

La segunda invasión persa de Grecia no terminó mucho mejor que la primera y dejó a Persia en considerable desventaja. Tras la batalla de Mícala, los griegos tomaron la ofensiva, continuando así las guerras greco-persas. La Liga de Delos, encabezada por Atenas, siguió atacando las regiones ocupadas por Persia en el Egeo, incluso después de que las fuerzas persas se hubieran retirado tras su derrota en Mícala.

La incursión griega que Jerjes I había estado planeando antes de su muerte no acabó bien. Reunió fuerzas para marchar contra los griegos y poner fin a las hostilidades griegas. Esto condujo a la nefasta batalla del Eurimedonte.

Llega Temístocles

Una de las derrotas que sufrieron los persas en Grecia bajo Jerjes I fue a manos del general griego Temístocles. Por ello, puede que le sorprendiera su llegada a la corte de Artajerjes. Temístocles se había ganado la antipatía de Grecia por su arrogancia general hacia los espartanos y su exigencia de fortificar aún más Atenas. Fue condenado al ostracismo y, más tarde, juzgado por traición. Huyó desde Argos a Asia Menor, donde se presentó ante Artajerjes.

Artajerjes aceptó su oferta de servicio y su ayuda para derrotar a los griegos. Los registros históricos y los artefactos recuperados, incluidas las monedas acuñadas, demuestran que el rey persa lo nombró sátrapa de al menos tres ciudades y también lo ayudó a sacar clandestinamente a su mujer e hijos de Atenas. El conocimiento de las actividades griegas por parte de Temístocles ayudó a Artajerjes a planear su siguiente movimiento contra los griegos.

Manipulación de Esparta

Las actividades de la Liga de Delos provocaron mucha tensión en Grecia. Estaba liderada por Atenas y se había unido con el propósito expreso de hacer frente a la amenaza persa. La Liga de Delos consiguió detener la invasión persa, y Atenas se hizo poderosa y rica explotando a los demás miembros, creando esencialmente un Imperio ateniense. Esto provocó conflictos con los espartanos, que querían ser la potencia griega dominante.

Artajerjes aprovechó las crecientes tensiones en Grecia para echar más leña al fuego. Financió en secreto el fortalecimiento del ejército de Esparta mientras ofrecía regalos a Atenas, que simbolizaban la paz. A continuación, se limitó a dejar que el malestar latente siguiera su curso.

Muy pronto, espartanos y atenienses se enfrentaron. Al parecer, los espartanos insultaron a los atenienses cuando estos llegaron para ayudar a hacer frente a una rebelión de los helotas. Esparta estaba cansada de la arrogancia y agresividad atenienses. Cuando estalló la guerra del Peloponeso, Artajerjes recurrió a Temístocles para que lo ayudara a destruir a los griegos.

Los relatos varían en cuanto a lo que sucedió después. Algunos afirman que Temístocles cambió de opinión en el último momento y no pudo traicionar a sus hermanos griegos a los persas, por lo que decidió envenenarse en lugar de ayudar a Artajerjes. Otros relatos sugieren que Temístocles simplemente falleció de muerte natural antes de que el rey persa pudiera pedirle ayuda. La guerra del Peloponeso llevó a Atenas y Esparta a buscar una alianza con Persia, pero no se pudo llegar a un acuerdo antes de la muerte de Artajerjes.

Los egipcios se rebelan de nuevo

La rebelión egipcia del 460 a. e. c. fue una sorpresa para los persas. Tal vez porque la atención de Artajerjes se había centrado en los griegos, no previó los disturbios antes de que se produjera un ataque abierto. Fue incitado por Inaro II, un príncipe libio con conexiones con la dinastía saíta de Egipto. Inaro descubrió que los atenienses planeaban atacar a los persas en Chipre y forjó una alianza.

Es difícil de precisar la fecha exacta de la rebelión, ya que distintas fuentes sugieren una cronología ligeramente diferente. Sin embargo, algunos informes sugieren que Inaro podría haber incitado la rebelión antes de ofrecer una alianza a los atenienses cuando se preparaban para atacar Chipre. Algunos informes llegan a sugerir que los persas ya estaban luchando contra las fuerzas de Inaro y se habían visto acorralados en Menfis cuando llegaron los refuerzos atenienses.

En cualquier caso, los rebeldes fueron capaces de asestar duros golpes a los persas. El sátrapa persa de Egipto murió durante la batalla de

Papremis, y las fuerzas atenienses pudieron hacerse con el control del Nilo. A continuación, sitiaron Menfis y se hicieron con el control de la mayor parte de la región, a excepción de las ciudadelas, donde se habían refugiado los soldados persas.

El conflicto resultante se prolongó durante seis años, e Inaro, que contaba con el apoyo de los atenienses, demostró ser una fuerza formidable. El ejército persa estaba liderado por Megabizo, mientras que Arsames, sátrapa de Egipto, dirigía la fuerza naval. En el 454 a. e. c., Megabizo logró derrotar a Inaro, al igual que Arsames derrotó a la flota ateniense que apoyaba la revuelta egipcia.

Los atenienses hicieron un último esfuerzo en la batalla de Prosopitis, que estaba rodeada por el Nilo. Los atenienses esperaban poder atacar a los persas al paso de su flota por el Nilo. En lugar de ello, Megabizo desvió el delta, dejando tras de sí una tierra seca y estéril, que su ejército utilizó para marchar junto a las naves atenienses, ahora inútiles. La mayoría de los atenienses murieron a causa de las heridas, las inclemencias del tiempo y la falta de suministros. Sofocada la rebelión, los persas pudieron restablecer su dominio y restaurar la paz en la región.

Revuelta de Megabizo

Cuando Megabizo llevó cautivos de la rebelión, incluido Inaro II, Amestris, la reina madre y esposa de Jerjes, ordenó su decapitación. Megabizo se opuso, ya que había asegurado a los prisioneros que no sufrirían daño alguno y que se les perdonaría la vida. En un principio, Artajerjes optó por honrar la palabra de Megabizo, hasta que fue presionado por su madre para que ejecutara a los prisioneros.

Megabizo vio esto como una traición y se rebeló. Derrotó a los generales persas enviados contra él en combate cuerpo a cuerpo, sin querer crear una guerra civil en Persia. Finalmente, la propia Amestris llegó como parte de una embajada para presentar una oferta de disculpa y restablecer la paz. Creyendo que se restablecería su honor, Megabizo aceptó, poniendo fin a su revuelta.

Paz de Calias

Tras la supresión de la rebelión egipcia, Atenas decidió continuar con su plan inicial de atacar Chipre mientras seguía librando la guerra del Peloponeso con Esparta. Hacia 450 a. e. c., los atenienses reunieron una gran flota de los estados miembros de la Liga de Delos y atacaron Chipre, la cual estaba fuertemente fortificada por el ejército de Megabizo.

A pesar de tener ante sí una isla infranqueable, Cimón, el líder de la flota, decidió atacar. Murió en el enfrentamiento y los atenienses que quedaban se retiraron de Chipre. Artajerjes no quería más injerencias de Atenas, así que envió una embajada con una propuesta de tregua. Se negoció la Paz de Calias, que ponía fin a las hostilidades iniciadas durante el reinado de Darío I. La Paz de Calias se aplicó durante unos diez años y fue rota por Atenas en el 439 a. e. c. cuando atacó Samos.

Artajerjes en la Biblia

Artajerjes I dando su carta a Esdras
De la Biblioteca Pública de Nueva York https://digitalcollections.nypl.org/items/510d47e4-134f-a3d9-e040-e00a18064a99

Según diversos relatos históricos, Artajerjes era un gobernante bondadoso y amable. Se habla de él en los libros de Esdras y Nehemías. El trato que dispensó a los judíos permitió a estos y a otros pueblos del Imperio persa gozar de gran libertad y autonomía.

Se cree que Esdras fue un sacerdote enviado a Jerusalén por Artajerjes para estandarizar la Ley de Moisés. A continuación reelaboró la Ley mosaica, lo que renovaría la vida de los judíos de Jerusalén. Por otra parte, se cree que Nehemías era miembro de la corte de Artajerjes, donde servía como copero. Un día, el rey lo vio molesto y le pidió que expusiera su problema. Nehemías estaba preocupado por las murallas de Jerusalén, que estaban en ruinas y dejaban a la ciudad indefensa. Esperaba ayuda en la restauración.

Durante el reinado de Ciro el Grande, Babilonia fue liberada, y los judíos, que habían sido retenidos allí por los babilonios, pudieron finalmente regresar a sus hogares en Israel. Ciro también había decretado que a los judíos se les ofrecieran abundantes regalos cuando abandonaran sus hogares persas. Los judíos que regresaron a Israel comenzaron a trabajar en la reconstrucción de su templo y sus murallas; sin embargo, siguieron enfrentándose a la oposición de las tierras circundantes.

Algunos de los que se oponían al regreso de los judíos escribieron a Artajerjes, lanzando falsas acusaciones contra los judíos y afirmando que se negaban a pagar impuestos. Basándose en esta información, Artajerjes ordenó que se detuviera la reconstrucción de la muralla, lo que permitió a los opositores marchar a Jerusalén para impedir que los judíos continuaran la construcción. Sin embargo, Artajerjes continuó con la política de tolerancia de Ciro. Una vez que se dio cuenta de la verdadera situación, permitió a Esdras dirigirse a Jerusalén. A Esdras se le aseguró que los judíos tendrían tanta plata, oro y otras comodidades como necesitaran. Artajerjes también eliminó las obligaciones tributarias de quienes servían en el templo.

Artajerjes financió la reconstrucción de las murallas y nombró a Nehemías gobernador de Judea. Nehemías pudo supervisar personalmente el esfuerzo de restauración, y tanto él como Esdras trabajaron por la reconciliación de los judíos con el dominio persa. Artajerjes también permitió a los judíos practicar y desarrollar libremente su religión y su cultura. Sus esfuerzos le valieron una sección considerable en la Biblia.

Los informes contradictorios de los relatos históricos, que muestran a Artajerjes primero decidiendo en contra de los judíos antes de apoyarlos, han suscitado algunas preguntas. Muchos creen que la primera incidencia, la narración de que la reconstrucción de las murallas de la ciudad y la construcción de las vigas del templo fueron detenidas por «Artajerjes», puede que no se refiriera al rey persa, sino a un usurpador, que pudo haber manipulado su camino al trono antes que Artajerjes. Sin embargo, ningún registro histórico refleja ni el gobierno ni la existencia de tal persona, y puede ser simplemente que Artajerjes no hubiera conocido la verdadera situación en Jerusalén antes de ordenar que se detuviera la construcción del templo.

Después de Artajerjes

Durante su reinado, Artajerjes centró sus esfuerzos en muchas otras cosas además de la guerra y las contiendas. La ciudad de Susa fue la más favorecida, ya que introdujo muchos avances en la región. Ordenó la restauración del palacio de Darío I, destruido por un incendio, y la construcción de otros muchos templos. También retomó la obra de su padre y terminó la construcción de la Sala de las Cien Columnas.

Artajerjes ya había nombrado a su hijo Jerjes II heredero al trono cuando murió de causas naturales en 424 a. e. c. Jerjes II no estaba destinado a gobernar mucho tiempo, pues apenas un mes después fue asesinado por su hermanastro, Sogdiano, hijo ilegítimo de Artajerjes.

Sogdiano consiguió el apoyo de algunos de los nobles de la corte de Artajerjes y pudo establecer su gobierno. Sin embargo, seis meses después, él también fue asesinado. Oco, su hermanastro, pasó a llamarse Darío II. Lo que se considera el reinado de un emperador pacífico tuvo un final violento.

Capítulo 8: Darío II y la participación persa en la guerra del Peloponeso

El Imperio persa había ido decayendo rápidamente desde la fallida expedición persa a Grecia, que se saldó con una humillante derrota y grandes pérdidas. La sucesión al trono persa había continuado haciéndose cada vez más violenta, y cada instancia traía nuevos problemas; casi cada cambio en el trono provocaba revueltas en todo el imperio. Aunque estas revueltas nunca constituyeron una acción unitaria y siempre fueron reprimidas, aportaron una creciente inestabilidad al Imperio persa.

Aunque Darío II era hijo de Artajerjes, su condición de hijo ilegítimo lo hacía, a ojos de muchos, indigno del trono. Darío II era un gobernante impopular incluso antes de comenzar su reinado. También tuvo que enfrentarse a muchos desafíos. Una vez más, los súbditos egipcios se habían rebelado y la amenaza griega seguía siendo motivo de preocupación.

Primeros años y ascenso al trono

Monedas acuñadas de Darío II

A Darío II, cuyo nombre original era Oco, también se lo solía llamar *Noto*, que significa «bastardo». Su violento ascenso al trono no auguraba nada bueno para el imperio. Los historiadores señalan que la corte aqueménida entró en un rápido declive con su mandato, ya que las tensiones, las luchas y los conflictos se convirtieron en algo habitual. Aunque era hijo ilegítimo de Artajerjes, su forma de acceder al trono causó mucho malestar en el imperio y se convirtió en una seña de identidad de su reinado.

Tras convertirse en rey en el 423 a. e. c., se dice que la vida de Darío II se centró en los eunucos y su harén. Se cree que su esposa, Parisátide, ejercía una gran influencia sobre él. Darío II confiaba mucho en sus consejos y ejercía gran influencia sobre la corte persa, utilizando una red de espías que le eran leales.

Se cree que Parisátide ordenó la ejecución de varios disidentes o individuos que consideraba una amenaza para su poder en el trono. También se le atribuye haber hecho posible el gobierno de Darío II sobre Persia. Se cree que poseía tierras en Media, Babilonia y Siria y que extorsionaba dinero en forma de impuestos. Gran parte del reinado de Darío II estuvo salpicado de disturbios y denuncias de corrupción.

La guerra del Peloponeso

Aunque la Paz de Calias evitó nuevos enfrentamientos entre persas y atenienses, Darío II no respetó el tratado. En el 413 a. e. c., Atenas sufrió una gran derrota a manos de los espartanos en Siracusa. Al ver una oportunidad, Darío II decidió lanzar un ataque contra los griegos. Creyó que era el momento de recuperar el control de las regiones de Asia Menor que habían caído bajo el mando ateniense.

Ordenó a los sátrapas de Asia Menor, Tisafernes y Farnabazo, que comenzaran a recaudar los impuestos atrasados en la región y que forjaran una alianza con los espartanos para ayudarlo a derrocar el poder ateniense.

La llegada de los espartanos

El inicio de la guerra del Peloponeso fue mayoritariamente favorable a Atenas. Los espartanos fueron incapaces de romper el poder de los atenienses o desmantelar la Liga de Delos. Sin embargo, la mala toma de decisiones militares por parte de Atenas hizo que los espartanos se impusieran. Los atenienses habían financiado la revuelta egipcia, desviando considerables recursos del conflicto que mantenían con Esparta. Cuando la revuelta fracasó, lanzaron un ataque contra Chipre, gastando una vez más recursos sin ver ningún resultado.

Estos movimientos debilitaron las fuerzas atenienses, que recibieron un duro golpe en Siracusa. Utilizando la aversión mutua hacia Atenas como arma, Darío II creó una alianza con Esparta, que resultó en un acuerdo oficial en el 412 a. e. c. Tras las derrotas de Atenas en Sicilia contra Esparta, Siracusa y Corinto, tanto los espartanos como los persas creyeron que Atenas podría ser derrotada fácilmente, y de una vez por todas, a través de la alianza.

Darío II y Tisafernes dictaminaron que los espartanos y los persas continuarían conjuntamente la guerra contra Atenas bajo la condición de que no se podría alcanzar ningún tratado de paz con Atenas sin el consentimiento de ambas partes. El tratado también establecía que cualquier enemigo de una parte se convertiría en enemigo de la otra, solidificando así una postura defensiva conjunta.

El tratado también establecía otro objetivo común para espartanos y persas. Además de derrotar a los atenienses, la alianza debía impedir que estos promovieran sus intereses. Esto incluía, entre otras cosas, impedir que los atenienses obtuvieran riquezas o recursos de las tierras que habían arrebatado a los persas o a los espartanos.

Este primer tratado fue rechazado por los espartanos. El tratado establecía que los espartanos entregarían todas las regiones fuera del Peloponeso, pero los espartanos habían comenzado la guerra para liberar a Grecia de la influencia ateniense, que había crecido enormemente debido a su papel de liderazgo en la Liga de Delos. Esparta seguía buscando un acuerdo con los persas y pidió una revisión de los términos.

El segundo tratado que se presentó ante Darío II y los espartanos establecía términos similares, pero con algunas adiciones y revisiones. Establecía claramente que cualquier tierra bajo el dominio de Darío II estaba vedada a los espartanos. Del mismo modo, cualquier tierra bajo dominio espartano estaba prohibida a los persas.

Ambas partes debían prestar asistencia y ayuda a la otra en caso de necesidad. Se mantenía la condición de guerra contra los atenienses, incluida la de iniciar la paz con ellos. El tratado incluía un nuevo añadido que obligaba a espartanos y persas a ayudarse mutuamente en caso de que una de las partes se enfrentara a una rebelión o levantamiento en sus respectivos territorios.

Este segundo tratado se consideró una simple aclaración de los términos del primero. Para los espartanos, seguía sin ser suficiente. La promesa contenida en el tratado de que el rey persa recompensaría a los espartanos por sus servicios parecía discutible, ya que la costumbre dictaba que los reyes persas lo hicieran con cualquiera que les hubiera prestado un servicio. Además, el segundo tratado prohibía a los espartanos crear un nuevo imperio tras la derrota ateniense, lo que era inaceptable para los espartanos. Pidieron otra revisión.

A finales del 411 a. e. c., se presentó el tratado definitivo a las dos partes. Esta vez, el tratado aclaraba que las tierras bajo el dominio de cualquiera de las partes eran suyas, y cada una era libre de hacer con ellas lo que quisiera. También incluía el pago por el apoyo material que proporcionaban los espartanos, incluidos barcos, si decidían recibirlo.

El tratado incluía una negociación importante. Darío II aceptó entregar las regiones griegas de Macedonia, Tracia, Beocia, Ática y Tesalia una vez recuperadas de manos atenienses. A cambio, los espartanos se comprometían a no reclamar las regiones griegas de Asia Menor.

Una vez más, el tratado obligaba a los espartanos a renunciar a la idea de liberar Grecia. Sin embargo, se encontraban en una situación difícil. La derrota ateniense en Siracusa había supuesto una gran oportunidad; si podían asestar un duro golpe al poderío de los persas, los espartanos podían garantizarse la victoria. Por otro lado, los persas no tenían ninguna necesidad estratégica de los espartanos, ya que su mayor amenaza, Amorges, el líder de la rebelión caria contra Persia, había sido suprimida.

El tratado tuvo poco significado al principio y no fue respetado, en su mayor parte, por los persas, en gran parte debido a Tisafernes, que no ofreció mucha ayuda a los espartanos. Por ello, los espartanos pensaron que podían intentar entablar conversaciones de paz con Atenas. Sin embargo, una vez que Darío II destituyó a Tisafernes como sátrapa e instaló a su hijo, Ciro el Joven, en su lugar, los espartanos recibieron un apoyo mucho mayor de los persas.

El desenlace de la guerra del Peloponeso

A medida que la guerra del Peloponeso continuaba, los atenienses se enfrentaban a un enemigo mucho más fuerte en Esparta. Mientras que los recursos de Atenas se agotaban rápidamente, Esparta contaba con el apoyo de los persas y podía entablar largas batallas. Gracias a la flota persa, los espartanos lograron algunas victorias decisivas. Los espartanos construyeron una fortaleza en el Ática, desde donde podían lanzar constantes ataques contra el campo ateniense.

En 406 a. e. c., los espartanos lograron derrotar a Atenas en la batalla de Notio en un enfrentamiento naval. A pesar de la victoria ateniense ese mismo año, en el 405 a. e. c., los espartanos derrotaron definitivamente a los atenienses en la batalla de Egospótamos. La flota ateniense fue capturada y Atenas acabó rindiéndose, poniendo fin a la guerra del Peloponeso en el 404 a. e. c.

Tras la guerra, Grecia cambió radicalmente. Supuso el fin de la otrora poderosa ciudad-estado de Atenas y cambió la guerra griega para siempre. El apoyo monetario y armamentístico proporcionado por los persas desempeñó un papel notable a la hora de asegurar la victoria espartana, e influiría directamente en el desmantelamiento de la influencia gobernante de Atenas. Unos 66 años más tarde, Grecia sería conquistada por el reino macedonio.

La rebelión caria

La rebelión que estalló en Caria, al oeste de Anatolia, fue liderada por Amorges en el año 413 a. e. c. Cuando se levantó contra Darío II, logró ganarse la simpatía y el apoyo de los atenienses. Con esta alianza, los atenienses esperaban debilitar el dominio persa, lo que, a su vez, dificultaría el apoyo que prestaban a los espartanos, inclinando la balanza a favor de los atenienses. Cuando estalló la rebelión, se ordenó a Tisafernes que reprimiera a los usurpadores.

Como los espartanos tenían un tratado con los persas, tuvieron que tratar a Amorges y a los demás rebeldes como sus enemigos. Los espartanos zarparon hacia Yaso, que había sido ocupada por los rebeldes entre 412 y 411 a. e. c. Los rebeldes celebraron su llegada, creyendo que se trataba de la armada ateniense. Sin embargo, pronto se dieron cuenta de su error. Los espartanos combatieron y derrotaron al ejército de Amorges, arrestándolo y entregándolo a Tisafernes.

Antecedentes de la revuelta egipcia

Las anteriores revueltas egipcias habían precarizado la situación en la región mucho antes de la violenta ascensión al trono de Darío II. Comenzó otra rebelión, esta vez con un resultado más decisivo. Tras la revuelta egipcia durante el reinado de Artajerjes I, se instaló en Egipto un nuevo sátrapa, Arsames. Este optó por adoptar una actitud conciliadora con la esperanza de desalentar cualquier nueva rebelión que pudiera surgir. Parte de su enfoque de la gestión de Egipto fue permitir que Taniras, hijo de Inaro, mantuviera su señorío.

Cuando Darío II obtuvo el trono, Arsames lo apoyó y le juró lealtad. Al parecer, entre los años 410 a. e. c. y 407 a. e. c., Arsames fue llamado de Egipto a Susa. Al mismo tiempo, estalló una revuelta en Egipto.

La revuelta egipcia

En el año 410 a. e. c., la región de Elefantina se convirtió en el foco de una revuelta. Aumentaron las tensiones entre la comunidad judía de Elefantina y los egipcios nativos que vivían allí. Artajerjes I había establecido una política de tolerancia religiosa en todo el Imperio persa, y varias comunidades vivían en relativa armonía.

Sin embargo, los informes indican que la práctica judía de sacrificar cabras provocó algunos conflictos. Los egipcios lo consideraron un insulto y aprovecharon la ausencia de Arsames para sobornar a un líder militar local para que destruyera el templo judío. Se cuenta que Arsames castigó a los responsables de la destrucción, pero para seguir siendo justo, también prohibió los sacrificios, desoyendo las súplicas de los judíos.

La verdadera causa y evolución de la revuelta no se conocen con certeza. Amirteo, el faraón de la XXVIII dinastía egipcia, lideró una rebelión contra el Imperio persa, que al parecer comenzó ya en el año 411 a. e. c. La revuelta desembocó en ataques guerrilleros a lo largo del delta del Nilo, que los rebeldes arrebataron al control persa.

Es posible que el abuelo de Amirteo participara en una rebelión anterior en Egipto. Sin embargo, esta vez, Amirteo buscó la ayuda de los espartanos y forjó una alianza. Los espartanos se enfrentarían a los persas en un conflicto en Asia a cambio de grano egipcio. Esto desviaría la atención persa de Egipto.

Los informes varían en cuanto al éxito de la revuelta. Tras la muerte de Darío II, Amirteo pudo erigirse en faraón de Egipto. Sin embargo, parece que Amirteo solo consiguió el control del delta del Nilo, mientras que el Alto Egipto permaneció bajo control persa. El sucesor de Darío II, Artajerjes II, fue capaz de reunir un ejército para dirigir una carga contra los rebeldes poco después de asumir el trono. Sin embargo, los disturbios políticos internos y la amenaza de una guerra civil le impidieron actuar a tiempo. Finalmente, los egipcios lograron derrocar el dominio aqueménida y declarar su independencia.

El fin de Darío II

Darío II murió de una enfermedad en 404 a. e. c. Le sucedió su hijo, Artajerjes II, que se enfrentó a un imperio cada vez más convulsionado. También se enfrentó a luchas internas, ya que su hermano menor, Ciro el Joven, albergaba ambiciones por el trono persa desde su nombramiento como sátrapa de las regiones de Grecia ocupadas por Persia. Al parecer, Ciro incluso esperaba conseguir la ayuda de los espartanos, ya que había sido el responsable de proporcionarles ayuda durante la guerra del Peloponeso.

El legado de Darío II

El papel de Darío II en la guerra del Peloponeso se considera un astuto ejemplo de estrategia militar. Al identificar un verdadero momento de oportunidad, Darío fue capaz de forjar una alianza con los espartanos, lo que aseguraría su victoria contra los atenienses. Darío II supo aprovechar el debilitamiento de los atenienses, derrotados por los persas en Chipre, y el deseo de los espartanos de derrocarlos para acabar destruyendo a uno de los enemigos de Persia. Las continuas luchas entre los griegos aseguraron que estarían demasiado ocupados para lanzar ataques, al menos cualquier ataque verdaderamente amenazador, contra los persas. La guerra civil también podría allanar el camino para que los persas se apoderaran de Grecia.

Utilizando la alianza con los espartanos, Darío II también pudo derrocar a Amorges, sofocando la rebelión caria y eliminando una verdadera amenaza para el Imperio persa. Sin embargo, a pesar de su éxito, gran parte del reinado de Darío II estuvo salpicado de rebeliones, revueltas y malestar general. Al final de su gobierno, los persas tuvieron que renunciar a sus regiones en Grecia y habían perdido muchas partes de Egipto, que nunca volvieron a recuperar. La influencia y la corrupción de la esposa de Darío causaron malestar en la corte persa.

Aparte de sus campañas, Darío II contribuyó a la religión, la lengua y la cultura del Imperio persa. Durante su reinado, fue capaz de recuperar y ordenar el uso de tres lenguas principales: el babilonio, el elamita y el persa antiguo. Gran parte de los escritos recuperados de este periodo se registraron en elamita, que también sirvió como lengua oficial del gobierno.

Continuó apoyando y practicando el zoroastrismo, rindiendo tributo a Ahura Mazda, la deidad creadora del zoroastrismo. Los registros antiguos muestran que Darío II era un gran creyente en las fuerzas espirituales y sobrenaturales, y mantenía una colección de monumentos con inscripciones espirituales. En su tumba también hay muchas tallas de este tipo.

TERCERA PARTE:
LOS PERSAS - EL CAMINO
HACIA EL COLAPSO

Capítulo 9: Artajerjes II: Un periodo turbulento

Tras la muerte de Darío II, el Imperio persa pasó a ser gobernado por su hijo, Artajerjes II. Para entonces, los persas habían tenido éxito en su financiación de los espartanos durante la guerra del Peloponeso, cultivando una alianza estratégica con ellos al quebrarse el poder ateniense. Con la amenaza de Atenas derrotada, las regiones del Egeo volvieron a caer bajo el dominio persa, restableciendo, hasta cierto punto, el poderío del Imperio aqueménida.

Por otra parte, Artajerjes II también heredó una revuelta en Egipto, que se había agitado hacia el final del reinado de su padre. El reinado del nuevo rey estaría marcado por disturbios civiles y revueltas, y la guerra que le hizo su hermano en un intento por hacerse con el trono dejaría una huella duradera en el futuro de Persia.

Sobre Artajerjes II

Artajerjes II

Artajerjes II, también conocido como Arsaces, fue uno de los trece hijos de Darío II y Parisátide. Llegó al trono en el 424 a. e. c. Su sucesión fue disputada por su hermano menor, Ciro, que también pudo haber contado con el apoyo de su madre, Parisátide. Ciro había sido nombrado sátrapa de Lidia y otras regiones de Asia Menor bajo control persa. Cuando Tisafernes no proporcionó el apoyo prometido a los espartanos durante la guerra del Peloponeso, fue sustituido por Ciro el Joven. Este cargo, junto con su título de «karanos», que denotaba un rango superior al de un sátrapa ordinario, amplió enormemente su autonomía militar y política.

Quizá por este motivo, Ciro esperaba ser nombrado heredero al trono. Muchos historiadores creen que fue favorecido por su madre, que era conocida por ejercer una gran influencia sobre su marido. Sin embargo, Darío II nombró heredero a Arsaces en su lecho de muerte. Cuando Arsaces accedió al trono, adoptó el título real de Artajerjes II.

Los informes sobre las hostilidades entre los hermanos sugieren que Ciro pudo haber intentado asesinar a su hermano durante su coronación. Sin embargo, no existe ningún relato real de que tal suceso ocurriera. Aunque la coronación de Artajerjes II hubiera transcurrido sin problemas, el resto de su reinado estuvo marcado por enemistades, revueltas y disturbios.

Lucha sangrienta: Artajerjes contra Ciro

Como sátrapa, Ciro consiguió reunir un gran ejército y forjar estrechas alianzas. Su victoria contra los cilicios y los sirios le había proporcionado una gran destreza militar. Reclamó el trono persa inmediatamente después de conocer la noticia de la muerte de su padre. Creía que era el heredero legítimo. Aunque no era el mayor, era el primogénito después de que Darío II se convirtiera en rey, mientras que Artajerjes había nacido antes de que comenzara su reinado.

Los intentos de Artajerjes II por alcanzar una solución pacífica no llegaron a ningún fin viable. Para ayudar a su pretensión al trono, Ciro reunió a sus tropas, compuestas por soldados lidios y jonios, así como mercenarios griegos. Los planes de Ciro fueron descubiertos por Tisafernes, quien vio defectos en la aparente excusa del primero, según la cual estaba reuniendo fuerzas para lanzar un ataque contra los pisidianos en Asia Menor. Sus sospechas se consolidaron cuando Ciro buscó el apoyo político de los espartanos para su campaña y consiguió financiación de los cilicios, a los que había conquistado. Tisafernes transmitió sus sospechas al rey, y Artajerjes II comenzó a prepararse para un enfrentamiento.

Lo que ocurrió a continuación fue un sangriento enfrentamiento entre los dos hermanos, con Ciro al frente de un gran ejército llamado los «Diez Mil». Este enfrentamiento produjo resultados dispares y dio lugar a más problemas.

Batalla de Cunaxa

La revuelta de Ciro el Joven llegó a su punto culminante en el año 401 a. e. c. en Cunaxa, cerca de Babilonia. El ejército de Ciro estaba dirigido por un general espartano llamado Clearco. Artajerjes II preparó un ejército cuatro veces mayor que el de Ciro, dirigido por Ariaeus, su segundo al mando. Los relatos de un historiador, que luchó como soldado griego en la batalla, informan de que Ciro pudo no haber tenido mucho control sobre su ejército. Al parecer, Ciro quería que los griegos, a los que consideraba sus mejores combatientes, tomaran el centro, donde estarían en mejor posición para derrotar a la caballería y matar al rey persa. Los griegos se negaron a hacerlo, creyendo que debilitaría su posición.

Cuando comenzó la batalla, los espartanos cargaron contra la izquierda del ejército de Artajerjes. Fueron superados en número e incapaces de abrirse paso, por lo que rompieron filas y huyeron. Sin embargo, los mercenarios griegos pudieron avanzar más, obligando a los persas a retroceder. En términos militares, el ejército de Ciro fue capaz de derrotar a los persas, a pesar de su inferioridad numérica. Sin embargo, Ciro fue asesinado durante la batalla por una jabalina voladora, por lo que la victoria fue inútil.

La guerra con Esparta

El apoyo espartano a Ciro durante su rebelión iba directamente en contra de los términos del acuerdo que los espartanos habían firmado con los persas. Su traición enfureció a Artajerjes II, que quiso actuar contra ellos. El principal conflicto entre ambas potencias comenzó con la guerra de Corinto en el año 395 a. e. c. La invasión espartana de Asia Menor, que estaba bajo control persa, hizo que el rey persa se diera cuenta de que había que neutralizar inmediatamente la amenaza espartana. Para desviar la atención de Esparta de Persia, Artajerjes inició una campaña política masiva, que incluía fuertes sobornos, para animar a los enemigos de Esparta, incluidos los tebanos, los corintios y los atenienses, a iniciar una guerra con Esparta.

Su estrategia tuvo éxito, y Esparta comenzó a preocuparse por los ataques en múltiples frentes. También dio lugar a una alianza, aunque temporal, entre Persia y Atenas. Las dos naciones lanzaron un ataque conjunto contra Esparta tras el fracaso de las negociaciones de paz. La batalla de Cnido asestó un duro golpe a los espartanos, permitiendo a Atenas remontar.

Batalla de Cnido

En el 394 a. e. c., los persas y los atenienses se unieron para enfrentarse a la armada espartana. El intento de Esparta de establecer su recién construida armada, que los espartanos empezaron a formar en el 413 a. e. c., como una fuerza formidable fue liderado por el rey Agesilao II de Esparta, que fue llamado desde Jonia para luchar contra la amenaza persa-ateniense. La armada combinada de estos últimos estaba dirigida por el almirante ateniense Conón y el sátrapa persa Farnabazo II.

La flota espartana se encontró con una avanzadilla de la flota aqueménida, contra la que los espartanos tuvieron un éxito relativo. Pero con la llegada del resto de la flota persa, los espartanos se vieron en apuros para resistir. Se vieron obligados a abandonar muchos barcos y sufrieron bajas masivas, y se dice que los persas capturaron al menos cincuenta trirremes espartanos. Aunque la guerra de Corinto continuó, Esparta no se involucró en conflictos navales tras esta derrota, lo que dejó el campo libre para que Atenas estableciera su poder naval.

Las fuerzas aliadas de Persia y Atenas asaltaron la costa del Peloponeso, que estaba bajo control espartano, aumentando la presión sobre los espartanos. Persia pudo recuperar Jonia y sus regiones perdidas del Egeo. Este control se estableció formalmente con la Paz de Antálcidas, que comenzó en 387 a. e. c.

El resurgimiento de Atenas

La guerra del Peloponeso había dejado a Esparta como la fuerza reinante en Grecia, poniendo fin a la supremacía ateniense en la región. Sin embargo, con el poderío de Esparta resquebrajándose durante la guerra de Corinto, especialmente con su derrota en Cnido, Atenas vio la oportunidad de volver a fortalecerse. Las ambiciones atenienses llamaron la atención de Artajerjes, que temía que Atenas avanzara contra Asia Menor y desencadenara otra guerra con los persas.

Como resultado, Artajerjes II buscó un tratado de paz con Esparta, que fue, por supuesto, visto como una traición a Atenas. La Paz de Antálcidas fue entre los griegos y el rey persa, y devolvió la paz y las regiones de Anatolia a los persas. También permitió a Esparta recuperar su dominio en el continente.

La Paz del Rey

La Paz de Antálcidas también se conoce como la Paz del Rey, ya que fue acordada por Artajerjes II. Aunque su origen fue la amenaza que Atenas suponía para el Imperio persa, puso fin a la guerra de Corinto. El tratado de paz permitió a Atenas mantener su dominio en las regiones de Lemnos, Imbros y Esciros y concedió autonomía a otras regiones.

Dado que los persas hicieron posible el tratado y llevaron la paz a la región, se convirtieron en árbitros de los futuros conflictos griegos. Este estatus desempeñaría un papel importante en la resolución de conflictos entre espartanos y tebanos.

Mediación entre Esparta y Tebas

La Paz del Rey no duró mucho y los combates se reanudaron en Grecia. Tebas, en particular, se enfrentó al resentimiento de otras ciudades-estado griegas debido al nivel de influencia que tenía dentro de Grecia. Entre 367 y 365 a. e. c., se hicieron nuevos intentos de restaurar la paz en la región, con Artajerjes II actuando como árbitro neutral y justo. Sin embargo, los intentos tebanos de organizar conversaciones de paz fracasaron por completo, especialmente cuando Tebas se negó a devolver las tierras espartanas conquistadas. El resultado fue la continuación de los combates en Grecia.

Durante las negociaciones de paz, Artajerjes recurrió a un enviado, Filisco, para que actuara en su nombre. El fracaso de las conversaciones de paz llevó a Filisco a empezar a ofrecer fondos persas a los militares espartanos, ofreciéndoles apoyo moral y monetario. Los registros sugieren que también financió al ejército ateniense y puede que les ofreciera servicios, ya que fue nombrado ciudadano ateniense. Con el respaldo del Imperio aqueménida, la guerra en Grecia podía continuar.

El fracaso de las negociaciones no fue bien recibido por ninguna de las ciudades-estado griegas. En 367 a. e. c., los espartanos y más tarde los atenienses, así como los tebanos y otras ciudades-estado, enviaron emisarios a la corte aqueménida, con la esperanza de obtener el apoyo de Artajerjes para financiar su esfuerzo bélico. Artajerjes II propuso un nuevo tratado que, en teoría, pondría fin a la guerra. Sin embargo, fue percibido por todos como muy favorable a Tebas, ya que exigía el desmantelamiento de otros ejércitos. Como resultado, la mayoría de las ciudades-estado, aparte de Tebas, rechazaron la propuesta.

El aparente favoritismo de Artajerjes II hacia los tebanos enfureció a los demás estados, que empezaron a actuar contra el Imperio persa en secreto. Atenas y Esparta empezaron a ofrecer apoyo militar a enemigos conocidos de Persia. Como resultado, tanto Atenas como Esparta se involucraron en la revuelta egipcia, así como en la revuelta de los sátrapas.

El intento egipcio

Una vez suprimida la amenaza griega, Artajerjes dirigió finalmente su atención hacia Egipto. Hacia el final del gobierno de su padre y el comienzo del suyo propio, Egipto había lanzado una revuelta exitosa, sacando las regiones del delta del control persa y estableciendo un nuevo faraón. Aunque el Alto Egipto seguía bajo control persa, la revuelta no estaba saciada y requería medidas urgentes. El primer intento de

Artajerjes II de subyugar a los egipcios en 385 a. e. c. no acabó bien, así que pidió ayuda a los griegos. Comenzó a reclutar mercenarios griegos y dirigió una invasión a Egipto en el 373 a. e. c.

Debido al éxito de Farnabacio contra los espartanos, fue elegido para dirigir el ataque a Egipto. Tras cuatro años de preparación, Farnabacio contaba con una fuerza militar de 200.000 hombres respaldada por 12.000 griegos y apoyo naval, estos últimos marcharon bajo el mando de Ifícrates, un general griego, para enfrentarse a los rebeldes egipcios en el 373 a. e. c. Los egipcios contaban con el apoyo de un general ateniense llamado Cabrias, que llevaba consigo a muchos mercenarios griegos.

Los egipcios estaban preparados para hacer frente a la fuerza persa y sumergieron las tierras alrededor de Pelusio, hacia donde se dirigían los persas, y bloquearon todos los canales disponibles del Nilo construyendo terraplenes. Al ver que el Nilo, fuertemente fortificado, era infranqueable, el ejército persa tuvo que salir de Pelusio sin intentar atacar y buscar una vía alternativa por el Nilo.

Los persas se dirigieron entonces hacia Menfis, encontrando una ruta a través del canal de mendesia del río Nilo, escasamente vigilado. Sin embargo, la suerte estaba en contra de los persas, ya que los desacuerdos entre Ifícrates y Farnabacio, combinados con la crecida del Nilo, crearon tensiones. Las fortificaciones y el ataque de los egipcios convirtieron una victoria segura en una agria derrota. Farnabacio fue posteriormente apartado de sus funciones militares debido a su avanzada edad y sustituido por otro general, Datames, que dirigiría una segunda expedición a Egipto. Esta segunda campaña no solo fracasaría, sino que llevó a Datames a liderar la revuelta de los sátrapas contra el rey aqueménida.

Revuelta de los sátrapas

Las repetidas revueltas y la derrota total en Egipto provocaron un creciente malestar en un imperio ya en dificultades. A partir del 372 a. e. c., la nobleza de la dinastía aqueménida se rebeló. Estaban liderados por Datames. Aunque en un principio fue designado para dirigir la segunda expedición a Egipto, cambió de opinión y se volvió contra el emperador persa. Él y sus tropas se retiraron de Egipto y se dirigieron a Capadocia, donde pudo entablar conversaciones y aliarse con otros sátrapas descontentos.

Esta revuelta dentro de Persia, que sin duda la debilitaría y la incapacitaría para organizar ataques o defensas contra otros enemigos, ofreció una oportunidad de oro a los rebeldes de Egipto. El faraón egipcio

Nectanebo, que había liderado el asalto contra los persas, prestó apoyo a los sátrapas con ayuda financiera y comenzó a cultivar lazos tanto con Atenas como con Esparta.

Los sátrapas planeaban liderar un asalto contra el rey aqueménida, comenzando con un ataque desde Siria, mientras que una alianza egipcio-griega lanzaba un ataque desde el suroeste. Aunque los sátrapas iniciaron su revuelta tal y como estaba previsto, el ejército egipcio nunca acudió en su ayuda, ya que fue desbaratado por la revuelta egipcia. Los desacuerdos y las luchas internas entre los sátrapas provocaron un ataque desordenado y descoordinado contra el rey persa, que pudo derrotar a los rebeldes sin muchas pérdidas. Sin embargo, para mantener la paz dentro de su imperio, Artajerjes II permitió que muchos de los sátrapas regresaran a su gobernación.

Persia comienza a desmoronarse

Durante su reinado, Artajerjes II gastó una parte considerable de su riqueza en varios proyectos de construcción. Entre ellos, la restauración del palacio de Darío I y el reforzamiento de las fortificaciones de Susa. En Ecbatana, financió la construcción de un nuevo palacio y varias esculturas. Un cambio notable en la cultura persa durante su reinado fue el crecimiento de la religión. Aunque el Imperio persa estaba dominado por la fe zoroástrica, que rendía culto a Ahura Mazda, también se recuperaron los nombres de otros dioses que datan del reinado de Artajerjes II. Entre ellos se encuentran Anahita y Mitra, que eran dioses menores adorados junto con Ahura Mazda.

Artajerjes II fue el primero de los reyes persas en reconocer a estas dos deidades. Anahita estaba asociada con la curación, la fertilidad y la sabiduría. Artajerjes erigió templos poblados de estatuas de las diosas por todo el imperio, especialmente en Babilonia, Susa y Ecbatana.

A pesar de estos avances, la visión general de Artajerjes II es la de un gobernante inepto que reinó sobre un imperio en constante conflicto. Fue incapaz de controlar las crecientes tensiones, que finalmente estallaron en guerra. Egipto se perdió durante su reinado. Su mandato no destaca por la expansión del imperio, sino por una lucha constante por mantener la paz y el control sobre las regiones existentes bajo dominio persa. La dinastía aqueménida se enfrentó a muchas complicaciones durante el reinado de Artajerjes II, cada una con un efecto duradero. Incluso se cree que la guerra que Artajerjes II libró contra Ciro el Joven sentó las bases de futuros conflictos, en particular la revuelta de los Sátrapas.

Artajerjes II murió en 358 a. e. c. y fue sucedido por su hijo, Artajerjes III. Su sucesor no heredó la región en mejores condiciones que Artajerjes II, por lo que estaba destinado a enfrentarse a retos similares durante su gobierno. Artajerjes II fue enterrado en su tumba de Persépolis.

Capítulo 10: Artajerjes III: La inestabilidad continúa

Durante el reinado de Artajerjes II, el Imperio persa pasó apuros. Se enfrentó a muchos desafíos y estallaron revueltas por todo el imperio. La ineptitud de Artajerjes II para hacer frente y reprimir estas revueltas dejó margen para que su sucesor fuera percibido como débil si no lograba restablecer la paz. Así pues, Artajerjes III llegó al trono con una clara ambición.

Bajo el mandato del nuevo rey, el Imperio persa fue testigo de una serie de eficaces operaciones militares destinadas a garantizar que el imperio no se desmoronara. La crueldad y la estrategia militar de Artajerjes III lo convirtieron en un emperador eficaz. Aunque los cimientos de la dinastía aqueménida se tambaleaban, se mantuvieron bajo la atenta y brutal mirada de Artajerjes III.

Toma del trono

Artajerjes III

A pesar de no ser el siguiente en la línea de sucesión al trono, Oco, también conocido como Artajerjes III, ascendió al trono tras la muerte de su padre en el año 358 a. e. c. Antes de comenzar su reinado sobre el Imperio persa, ejerció como sátrapa y comandante militar del ejército persa. De los tres hermanos de Oco, cualquiera de los cuales podría haber heredado el trono, uno se suicidó, otro fue ejecutado y el tercero fue asesinado. Este tipo de patrón violento seguiría durante todo el reinado de Artajerjes III.

Darío, el hijo mayor de Artajerjes II, era el favorito del rey para ocupar el trono. Sin embargo, para acelerar su sucesión, empezó a conspirar contra su padre, con la esperanza de conseguir el apoyo de sus hermanastros, los hijos ilegítimos de su padre, que, según rumores, eran unos 150. La traición fue descubierta y Darío fue ejecutado. El siguiente en la línea de sucesión fue Ariaspes, quien, mediante la hábil manipulación de Oco, fue empujado al suicidio. La otra opción de Artajerjes II era su hijo ilegítimo favorito, Arsames, ya que le disgustaba Oco y no deseaba que accediera al trono. Sin embargo, Oco mandó matar a Arsames. Artajerjes II murió poco después de nombrar finalmente a Oco como próximo rey de Persia.

Artajerjes III comenzó su reinado con un gran derramamiento de sangre en el seno de la familia real. Para acabar con cualquier posible aspirante al trono o con cualquiera que cuestionara la legitimidad de su gobierno, asesinó a todos los miembros de la familia real, incluidos mujeres y niños, solo con el fin de asegurarse el trono. Llegó a ser conocido como uno de los reyes persas más crueles. Mediante la astucia, la manipulación y la violencia extrema, llevó a cabo múltiples campañas en Egipto. También dirigió una carga defensiva contra los griegos, que se sublevaron contra el dominio aqueménida, y se ocupó de otras múltiples rebeliones durante su gobierno.

Revueltas de Artabazo

La revuelta de los sátrapas durante el reinado de Artajerjes II hizo que su hijo, Artajerjes III, se diera cuenta de la amenaza que la nobleza representaba para el trono. No hacía tanto tiempo que Ciro el Joven se había enzarzado en una guerra civil para hacerse con el trono en lugar de Artajerjes II. Artajerjes III se empeñó en evitar una situación semejante. Por esta razón, tras convertirse en rey, exigió a todos los sátrapas que desmantelaran sus fuerzas mercenarias personales.

Al principio, los sátrapas acataron esta orden. Sin embargo, dos años más tarde, el intento de Artajerjes III de destituir a Artabazo II de su cargo de gobernador de Frigia Helespóntica, en Anatolia occidental, no salió como estaba previsto. A Artabazo no le gustó la destitución y optó por rebelarse contra el rey persa. Además, era hijo de la hermana del rey, lo que pudo haberle hecho especialmente hostil hacia Artajerjes III, ya que habría visto la destitución como un insulto. Durante la revuelta de los sátrapas en tiempos de Artajerjes II, Artabazo lideró la resistencia en favor del rey y salió victorioso en la represión de la rebelión. Se cree que unió fuerzas con sus dos hermanos para liderar esta nueva revuelta.

Para contrarrestar la fuerza que Artajerjes III envió contra él, que incluía a todos los demás sátrapas de Anatolia, Artabazo pidió ayuda a los atenienses. Consiguió forjar una alianza con el comandante ateniense

Cares, que obtuvo los mercenarios que Artabazo se había visto obligado a despedir dos años antes. Esta fuerza combinada fue capaz de derrotar a la fuerza sátrapa enviada por Artajerjes III. El rey vio el mayor peligro que representaban los atenienses y los sobornó para que se retiraran del conflicto persa.

En respuesta, Artabazo formó una alianza con los tebanos en 354 a. e. c., que le proporcionaron una fuerza militar para enfrentarse al rey persa. Durante un tiempo, pareció que el antiguo sátrapa tenía las de ganar, ya que fue capaz de derrotar al rey aqueménida en varias ocasiones. La caída de Artabazo vino desde dentro, ya que tuvo una pelea con el general tebano. Artabazo fue derrotado en batalla y hecho prisionero. Sus partidarios lograron liberarlo y, tras algunos intentos poco entusiastas de continuar la revuelta, huyó a Macedonia, a la corte de Filipo II. Su llegada a Macedonia resultó significativa, ya que fue allí donde conoció a su futuro yerno, Alejandro Magno.

Fracaso en Egipto

La derrota de Artajerjes II en Egipto y su incapacidad para controlar la rebelión se convirtieron en un punto de humillación y contención dentro del imperio, que más tarde desembocó en la revuelta de los Sátrapas. Su hijo quiso arreglar esta situación y ganarse el respeto y el mérito de volver a someter a una satrapía rebelde al dominio persa. Se dice que Artajerjes III lanzó una nueva campaña contra los egipcios hacia 351 a. e. c., con la esperanza de poner fin por fin a años de guerra.

Poco se sabe de esta campaña. Se cree que Artajerjes III marchó a Egipto con un gran ejército y se enfrentó directamente al faraón Nectanebo II. Los egipcios contaban con el apoyo de atenienses y espartanos. Esta fuerza aliada infligió una derrota engañosa a los persas tras, al parecer, un año de lucha, momento en el que Artajerjes III se vio obligado a abandonar la campaña egipcia para ocuparse de asuntos más urgentes: otra revuelta.

La campaña de Chipre

Chipre, al igual que Egipto, tenía una historia de rebeliones contra el Imperio persa, aunque habían sido reprimidas con éxito en el pasado. Durante el reinado de Artajerjes II, Evágoras, el rey de Salamina, intentó una revuelta para hacerse con todo Chipre.

Con Artajerjes II ocupado por el intento de su hermano Ciro el Joven de hacerse con el trono, Evágoras se aseguró el apoyo de Atenas y Egipto. La victoria parecía inevitable para los rebeldes. Sin embargo, la paz del rey con Atenas supuso la retirada del apoyo griego y el fin de la revuelta chipriota.

Durante el reinado de Artajerjes III, Chipre volvió a rebelarse para independizarse de Persia. Por desgracia para Chipre, la victoria seguía estando fuera de su alcance. Con la ayuda de sus aliados, el Imperio persa pudo, una vez más, reprimir el levantamiento. Chipre acabaría independizándose del Imperio persa, pero siguió formando parte de él bajo el gobierno de Artajerjes III.

La derrota de Sidón

Surgieron más rebeliones. Los fenicios de Sidón también estaban cansados del dominio persa. Para hacer frente a la rebelión de Sidón, Artajerjes III recurrió a los sátrapas de Siria y Cilicia, Belesys y Maceo, respectivamente. Las fuerzas persas podrían haber sido algo a tener en cuenta de no ser por el apoyo de Egipto, que envió cuatro mil mercenarios griegos para ayudar a Fenicia a independizarse del Imperio persa. El ejército de los sátrapas no pudo hacer frente a la rebelión y fue expulsado de Fenicia. El fracaso de los sátrapas en Fenicia llevó a Artajerjes III a reconsiderar su decisión.

Tras este fracaso, Artajerjes III decidió dirigir él mismo un ejército hacia Sidón. Tanto los atenienses como los espartanos se negaron a ayudar al ejército persa, pero consiguió la ayuda de los tebanos, que añadieron otros 10.000 hombres al ejército de 330.000 que Artajerjes III había reunido. El rey esperaba paralizar la revuelta por la fuerza, ya que su ejército superaba ampliamente en número a los fenicios.

El resultado de la campaña contra Sidón muestra la crueldad y la barbarie de las que a menudo se acusa a Artajerjes III. La fuerza de los persas preocupó al rey de Sidón, Tennes, que encabezaba la rebelión. Decidió solicitar el perdón del rey ofreciendo cien ciudadanos influyentes de Sidón. Artajerjes respondió ordenando que cada ciudadano fuera atravesado con jabalinas. Un tributo adicional de quinientos ciudadanos corrió la misma suerte.

Artajerjes III se dispuso entonces a quemar la ciudad hasta los cimientos, matando a unas cuarenta mil personas en el proceso. A continuación, hizo una fortuna con su victoria vendiendo las ruinas de la ciudad a quienes creían que había grandes tesoros enterrados bajo ella, que esperaban excavar de entre las cenizas. Tennes fue ejecutado por instigar el levantamiento, y los judíos que habían apoyado la rebelión fueron exiliados a Hircania.

Reconquista de Egipto

Artajerjes III pasó muchos años preparando su reentrada en Egipto. Entre 340 y 339 a. e. c., reunió un gran ejército formado por mercenarios reclutados en Argos, Tebas y Asia Menor. El reto de los persas no era la fuerza de su ejército; de hecho, las fuerzas persas siempre habían superado ampliamente en número a las egipcias. El problema era el terreno traicionero. El escaso conocimiento que los persas tenían de la topografía egipcia y su arrogante negativa a contratar a un guía local agravaron el problema.

El clima egipcio sí afectó a los persas, que se vieron superados por las arenas movedizas. Su precipitado intento de tomar Pelusio también fue rápidamente derrotado. Artajerjes III cambió entonces de estrategia y dividió sus tropas en tres divisiones. A la división tebana se le asignó Pelusio. Al Mentor de Rodas, un mercenario griego, se le encomendó la campaña contra Bubastis en Egipto, y la última división, formada por tropas argivas, debía establecerse contra los egipcios en la orilla opuesta del río Nilo.

El gobernante egipcio, Nectanebo II, fue incapaz de desmantelar las fuerzas reunidas en la orilla opuesta del Nilo y optó por retirarse a Menfis. Pelusio, asediada por los tebanos, también cayó, y Bubastis hizo lo propio. Los mercenarios griegos que luchaban para los egipcios prefirieron rendirse antes que sufrir una muerte brutal a manos de los persas. Llegaron a un acuerdo con los persas y desertaron, lo que provocó una rendición generalizada y permitió a Artajerjes cruzar el Nilo y reconquistar Egipto. Nectanebo huyó del país antes que enfrentarse a los persas.

El destino de Egipto fue poco mejor que el de Sidón. Comenzó un reino de terror; las murallas de la ciudad fueron destruidas y la región fue saqueada a fondo por los persas. Las riquezas robadas contribuyeron en gran medida al tesoro persa y ayudaron a Artajerjes a recompensar a sus mercenarios. A continuación, el rey se dedicó a debilitar a la población y la economía de Egipto para evitar la posibilidad de otra revuelta. Los impuestos subieron astronómicamente y se quemaron libros sagrados. Los templos fueron saqueados y las religiones locales, perseguidas.

La caída de Artajerjes III

Egipto no fue la última rebelión a la que se enfrentó el Imperio persa, pero sin duda tuvo un efecto duradero. Artajerjes III continuó con su política de ataques despiadados en respuesta a las revueltas y, pocos años después de reconquistar Egipto, logró someter las rebeliones en todo el imperio, devolviendo firmemente las tierras al control aqueménida. Los generales, entre ellos Mentor de Rodas, que habían desempeñado papeles prominentes y exitosos en la campaña egipcia, recibieron cargos importantes dentro del imperio y trabajaron para mantener la autoridad persa y crear un gobierno exitoso y eficiente.

El Imperio persa recuperó el control del Egeo, incluidas muchas de las regiones atenienses. Aunque los griegos sufrieron el poderío de los persas, ninguno fue capaz de plantarles cara. Sin embargo, el creciente poder de Macedonia seguía preocupando a Artajerjes III. Persia se convirtió en un punto de interés para Filipo II de Macedonia cuando la ayuda persa contribuyó a que Tracia derribara el asedio macedonio y mantuviera su independencia.

Los últimos años del reinado de Artajerjes III transcurrieron en relativa paz. En 338 a. e. c., Artajerjes III y sus hijos mayores fueron envenenados por un eunuco de la corte llamado Bagoas. Este último se aseguró de que un heredero más maleable, uno de los hijos del rey, Arsés, ascendiera al trono. La repentina muerte de Artajerjes III causó estragos en un imperio por lo demás estable.

Durante su reinado, Artajerjes III construyó la Sala de las Treinta y Dos Columnas con un propósito desconocido y su propio palacio. Sin embargo, muchos de sus proyectos de construcción quedaron inconclusos, como la Calzada del ejército y la Puerta inconclusa, que habría conectado la Sala de las Cien Columnas con la Puerta de Todas las Naciones. Su tumba se construyó junto a la de su padre.

Capítulo 11: Arsés y Darío III: los últimos reyes y la disolución del Imperio

Artajerjes III logró consolidar el Imperio persa en gran medida gracias la fuerza y la violencia desenfrenada. El imperio había atravesado demasiados períodos de agitación y había sufrido considerablemente a causa de las guerras externas y las rebeliones internas. Sin embargo, su muerte desencadenaría una agitación mayor de la que el imperio había conocido hasta entonces, lo que llevaría a la completa destrucción de la dinastía aqueménida.

Los dos últimos gobernantes del Imperio persa, Artajerjes IV y Darío III, fueron incapaces de hacer frente a las exigencias de este vasto e inestable reino. Su incapacidad puede atribuirse a varias razones, pero la forma de su ascensión desempeñó un papel importante. Cuando comenzó el gobierno de Artajerjes IV, el Imperio persa llegó lentamente a su fin.

Arsés sube al trono: Artajerjes IV

Artajerjes IV

El menor de los hijos de Artajerjes III, Arsés, no era el primero en la línea de sucesión al trono. El envenenamiento intencionado del padre de Arsés y de sus otros hermanos lo dejó de repente a cargo de un imperio que quizá no estaba en condiciones de gobernar. Arsés era aún joven cuando se convirtió en rey en 338 a. e. c., tomando el trono con el nombre de Artajerjes IV. El consenso general tras los actos de Bagoas es que, al hacer al joven Arsés rey de un imperio que no podía gestionar por sí solo, él podía hacerse cargo entre bastidores ejerciendo influencia sobre el nuevo rey. Artajerjes IV sería más aceptable para la corte persa y el pueblo en lugar de que Bagoas intentara tomarlo directamente.

El ascenso de Macedonia

La agitación política en Persia brindó a sus enemigos una oportunidad de oro para aprovechar sus debilidades. Artajerjes III juró mantener un imperio unido y trabajó para someter las revueltas y mantener la paz. Durante este tiempo, se dio cuenta de la creciente amenaza de Filipo II de Macedonia, sobre todo después de que los persas ayudaran a Tracia contra los macedonios.

El rey macedonio había ido acumulando poder e influencia en Grecia. Muchas ciudades-estado griegas ya se habían unido a Filipo II en la Liga de Corinto, dirigida por él. El rey macedonio, apoyado en su propia influencia y en el tambaleante Imperio persa, eligió el momento de la ascensión de Artajerjes IV para exigir una compensación monetaria a los persas. Según Filipo, esta compensación se debía al costo que los persas habían causado a los macedonios al ayudar a Tracia.

Artajerjes IV se negó a ceder a las exigencias del soberano macedonio. Filipo II no se tomó bien este desaire y comenzó a prepararse para la guerra, reuniendo un ejército para entrar en Persia. Sin embargo, Artajerjes IV no vivió lo suficiente para hacer frente a la amenaza macedonia.

El reinado de Artajerjes IV

Poco se sabe del reinado de Artajerjes IV. La principal fuente de conocimiento sobre el Imperio persa son los antiguos historiadores griegos, que se interesaron poco por los asuntos aqueménidas en esta época. Dado que Artajerjes IV se ocupaba poco de los asuntos griegos, los historiadores estaban más preocupados por los acontecimientos más cercanos. Pocos registros hablan del reinado de Artajerjes IV.

Lo que se sabe es que el gobierno de Artajerjes IV no fortaleció mucho el Imperio persa. Los persas estaban pasando dificultades, ya que Egipto y Babilonia intentaban establecer su independencia. Mientras tanto, el rey estaba demasiado preocupado para hacer frente a los macedonios o a los disturbios dentro de su imperio.

Al darse cuenta de la ambición de Bagoas, Artajerjes IV intentó librarse de la molestia y el traidor. Intentó envenenar a Bagoas, pero este se adelantó. Artajerjes IV fue envenenado apenas dos años después de reclamar el trono, poniendo fin a su mandato en el 336 a. e. c. Bagoas procedió a colocar en el trono persa al primo lejano del anterior rey, Artashata.

Darío III se convierte en rey

Moneda de Darío III

Artashata formaba parte de la familia real persa, siendo primo lejano del rey anterior. Tras su ascenso al trono, adoptó el nombre de Darío III. En ese momento, el Imperio persa se había debilitado considerablemente, no a causa de ataques exteriores, sino por la inestabilidad interna, las amenazas políticas y una administración que se desmoronaba. Debido a las acciones de Bagoas, la atención del imperio se había centrado en cuestiones de sucesión y se había alejado de la gestión y la seguridad de un vasto imperio que se deterioraba rápidamente.

Los informes sugieren que Darío III no sucumbió fácilmente a la influencia de Bagoas. El intento de Bagoas de envenenar al recién nombrado rey del Imperio persa se debió a esto o quizás a algún otro conflicto. Los relatos históricos sugieren que Darío III descubrió esta traición antes de que ocurriera y convocó a Bagoas a su corte. Allí, el rey lo obligó a beber a su salud de su copa, que ya había sido envenenada. Bagoas fue empujado a consumir su propio veneno y murió.

Poco se sabe de Darío III, aparte de su endeble relación con la familia real. Es posible que obtuviera cierto reconocimiento gracias a su carrera militar. Había formado parte del ejército persa desde el reinado de Artajerjes III y se dice que demostró valentía durante una de sus campañas. Este logro lo sacó de la oscuridad y el rey lo nombró sátrapa de Armenia. Sin embargo, su ascenso al trono puede atribuirse más a las ansias de poder de Bagoas que a la aptitud militar de Darío III. Su principal mérito es ser el último gobernante del Imperio persa.

Los persas estaban completamente distraídos y cegados por amenazas externas, lo cual era un problema ya que la ofensiva de Artajerjes IV había llevado al rey macedonio, Filipo II, a prepararse para la guerra. Los griegos se prepararon para un nuevo ataque contra los persas. El poderío anterior del Imperio persa había frustrado muchos intentos de este tipo mediante la fuerza, la estrategia, la alianza y/o el soborno. Sin embargo, esta vez, los persas no estaban preparados para oponer resistencia cuando los macedonios marcharon contra ellos.

La campaña macedonia

No está claro si los macedonios ya habían estado planeando un ataque contra Persia, percibiéndola como débil, o si solo se produjo como resultado de la negativa de Artajerjes IV a ofrecer una compensación. Las revueltas o disturbios registrados en Egipto y Babilonia durante esta época pueden haber demostrado que Persia era incapaz de mantener la paz que Artajerjes III se había esforzado tanto en establecer. Sin embargo, es cierto que los levantamientos egipcios y babilónicos no fueron muy significativos, ya que poco se menciona sobre ellos en los registros históricos.

Independientemente de cómo o por qué, Macedonia dirigió su atención hacia el Imperio persa. Esta fuerza ascendente había ganado gran influencia en Grecia, y la Liga de Corinto había recibido un apoyo sustancial. La liga fue reunida por Filipo II, y su propósito expreso era unir las fuerzas militares de las diversas ciudades-estado griegas contra el Imperio aqueménida.

Primera batalla

En 336 a. e. c., Filipo II había recibido el pleno apoyo de la Liga de Corinto para dirigir una ofensiva contra el Imperio persa. Se suponía que se trataba de una venganza por los actos de barbarie que los persas habían cometido durante la segunda invasión persa de Grecia, cuando profanaron muchos templos atenienses, aunque la ofensa había ocurrido hacía un siglo y bajo un gobernante diferente.

Filipo II envió una avanzadilla a Asia Menor con el objetivo de liberar a los griegos del dominio persa. Esta primera campaña fue un éxito, y los macedonios pudieron recuperar ciudades que se extendían desde Troya hasta el río Malandros. La campaña podría haber continuado de no ser por la inesperada muerte de Filipo. Fue apuñalado por uno de sus guardaespaldas cuando entraba en la ciudad de Egea para celebrar el matrimonio de su hija. Había llegado sin protección para mostrarse amable y cercano a los ciudadanos. No se sabe con certeza por qué fue apuñalado, aunque hay muchas historias sobre los motivos por los que la gente podría haberse enfadado con él.

Llegada de Alejandro Magno

Alejandro Magno ya era un guerrero experimentado en el ejército macedonio cuando su padre fue asesinado en el año 336 a. e. c. Cuando subió al trono, también se convirtió en el líder de la Liga de Corinto. Dos años más tarde, dirigió una invasión en Asia Menor con ejércitos aliados formados por soldados macedonios y griegos. Los persas subestimaron enormemente la amenaza de Alejandro.

Batalla del Gránico

La revuelta egipcia de la que se había informado había adquirido prioridad para el emperador persa, que desvió su atención de la amenaza macedonia que se cernía sobre él. Cuando Darío III se volvió hacia el ejército macedonio que se acercaba, no creyó que supusiera un gran peligro. Asignó a su sátrapa la tarea de tratar con los griegos y se negó a entrar personalmente en combate.

El ejército persa logró derrotar a las fuerzas macedonias en dos ocasiones, en Magnesia y de nuevo en Tróade, en Asia Menor. La avanzadilla que había sido enviada por Filipo II el año anterior, que había adquirido varias regiones de Asia Menor, perdió el mando, y las tierras fueron devueltas al control persa.

El éxito inicial de los sátrapas hizo que Darío III confiara en sus capacidades para derrotar a Alejandro Magno. El ejército persa estaba dirigido por los sátrapas de Frigia Helespóntica, Lidia y Cilicia. El ejército persa tomó la orilla occidental del río Gránico, donde esperó a los macedonios, que tomaron la orilla opuesta.

Es probable que los persas pensaran que tenían las de ganar. Los persas luchaban desde un terreno más elevado y superaban en número al ejército de Alejandro, casi duplicando su tamaño. Sin embargo, los macedonios pronto se impusieron, lo que se atribuye en gran parte a su armamento más eficaz, en particular sus lanzas. Durante la batalla, Alejandro mató al yerno de Darío III, Mitrídates.

El ejército de Alejandro fue capaz de hacer retroceder a las fuerzas persas, ganando una fuerte posición en la orilla del río. Gran parte de la caballería persa abandonó la batalla y huyó, aunque Alejandro no los persiguió. Los que se quedaron fueron derrotados y capturados. Alejandro erigió el monumento Gránico para conmemorar su primera gran victoria sobre los persas.

Batalla de Issos

Al año siguiente, 333 a. e. c., los dos ejércitos volvieron a encontrarse cerca de la ciudad de Issos. Darío III se había visto sorprendido por la victoria anterior de los macedonios. Esta vez, tomó el mando de su ejército en lugar de confiar en sus sátrapas. Su plan consistía en atacar por sorpresa a los macedonios, marchando detrás de ellos mientras avanzaban hacia el Helesponto y cortando sus suministros.

Los persas capturaron la ciudad de Issos y marcharon hasta el río Pinarus cuando vieron acercarse al ejército de Alejandro, lo que obligó a los persas a acampar allí. El comienzo de la batalla pareció decantarse a favor de los persas, ya que el ejército macedonio era incapaz de cruzar el río sin ser asediado.

Alejandro Magno consiguió finalmente abrirse paso entre las fuerzas persas en el centro, y su flanco derecho rompió el flanco izquierdo persa, obligando a los persas a retroceder. Alejandro cargó entonces directamente contra Darío III y su guardia, obligándolos a huir. Alejandro podría haberlos perseguido si no hubiera visto a sus tropas luchando y acudido en su ayuda. Cuando los persas vieron que su rey había huido, también abandonaron la batalla. Los macedonios se lanzaron a la persecución, lo que provocó una masacre masiva del ejército persa. Esta batalla supuso la victoria de los macedonios y el fin definitivo del Imperio persa. Era la primera vez que el ejército persa perdía con el rey presente.

Batalla de Gaugamela

La derrota en Issos condujo a la captura de la familia de Darío III. Este huyó, dejando atrás a su familia, y Alejandro capturó a su esposa, sus dos hijas y su madre. Alejandro recibió varios mensajes pidiendo su liberación, a lo que se negó hasta que Darío aceptó su nombramiento como gobernante del Imperio persa. Alejandro se apoderó de casi todo el sur de Asia Menor con su última victoria, mientras que Darío III se vio obligado a huir a Babilonia y reagruparse.

Antes de librar otra batalla, Darío III intentó entablar negociaciones pacíficas. Hubo tres intentos, y el último ofreció a Alejandro la mano de su hija en matrimonio y el gobierno conjunto del Imperio persa. Alejandro rechazó estas ofertas y exigió a Darío que lo aceptara como rey o que se enfrentara a él en batalla. Darío III comenzó a reunir sus fuerzas y acampó cerca de Gaugamela. Esta noticia llegó a Alejandro a través de algunos de los hombres cautivos de una caballería persa que huía, la mayoría de los cuales lograron escapar cuando se enfrentaron a los macedonios. Con el conocimiento del paradero de los persas, Alejandro se dirigió a un enfrentamiento final y decisivo contra los persas en el 331 a. e. c.

Se dice que el ejército persa superaba ampliamente en número a los macedonios, y se atribuye a Alejandro el uso de estrategias militares superiores. Sabiendo que Darío III no querría atacar primero, basándose el fracaso de esa estrategia en Issos, Alejandro forzó su mano con un movimiento inusual, dejando a Darío III vulnerable a un ataque y haciendo que Darío saliera a campo abierto a luchar. Para hacer frente al problema de una fuerza persa mucho mayor, los macedonios utilizaron una cuidadosa planificación y cierta reserva, lo que les permitió aguantar más tiempo.

Alejandro atacó y debilitó el centro del ejército persa, dejando a Darío III desguarnecido. Los informes sugieren que Darío, una vez más, abandonó su ejército y huyó, con su ejército siguiendo su ejemplo. Alejandro le habría dado caza de no ser por un mensaje que recibió de su ejército luchando en el flanco izquierdo, optando en su lugar por ayudarlos. Aunque los persas lucharon ferozmente, cayeron.

El último de la dinastía aqueménida: Cae Darío III

Darío logró escapar a caballo con parte de su caballería. Mientras escapaba, pronunció un sonoro discurso sobre la reunión de otro ejército para hacer frente y derrotar en última instancia a Alejandro, por lo que envió mensajes a sus sátrapas para que se mantuvieran leales y firmes. Sin embargo, puede que contara demasiado con la lealtad de su pueblo. Tal vez frustrado por las continuas pérdidas o por la cobardía de Darío III, el sátrapa de Darío, Bessos, que había luchado a su lado, mató al rey persa.

Alejandro Magno puede ser muy respetado por su mando militar y el imperio que construyó, pero también es célebre por su postura ética durante las batallas. Cuando encontró muerto a Darío III, le dio sepultura en Persépolis, la capital persa, y dio caza a Bessos. Tras la muerte de Darío III, los sátrapas restantes aceptaron a Alejandro como rey y se rindieron sin guerra. Más tarde, Bessos intentó ocupar el trono, haciéndose llamar Artajerjes V y afirmando ser el rey de Persia. Finalmente fue capturado, torturado y asesinado por Alejandro.

Darío III es considerado por muchos ineficiente, inadecuado para el trono y cobarde. Aunque el malestar en Persia había ido en aumento debido a la inestabilidad política, el imperio seguía manteniéndose como antes. Sin embargo, durante el reinado de Darío III, todo el Imperio aqueménida llegó a su fin y se perdió a manos de invasores extranjeros. Es más, los intentos de Darío de luchar contra los invasores fueron mediocres en el mejor de los casos, ya que abandonó a su ejército más de una vez en lugar de participar en la batalla para ganar o morir noblemente. Con su muerte en el 330 a. e. c., la dinastía aqueménida llegó oficialmente a su fin.

CUARTA PARTE:
ARTE, RELIGIÓN Y CULTURA

Capítulo 12: Arte y arquitectura

El Imperio aqueménida tuvo mucho de lo que presumir durante sus dos siglos de gobierno. Creció hasta formar la mayor civilización de su tiempo bajo el liderazgo de Ciro el Grande y sus sucesores. El Imperio aqueménida aumentó su dinastía en rápido crecimiento con sus conquistas, y varios grupos de pueblos y culturas se asimilaron bajo la bandera persa.

Sus numerosas conquistas aportaron a los emperadores persas riquezas incalculables, poder e influencia que llegaron más allá de las regiones de su dominio. A medida que el imperio crecía, también lo hacían su arte, diseño, arquitectura y artesanía. Además de liderar las conquistas, muchos de los emperadores persas gastaron considerables riquezas en erigir bellos ejemplos de arte y arquitectura que retratan la habilidad y el poderío de los persas, algunos de los cuales siguen existiendo hoy en día. Si bien el Imperio aqueménida ejerció una gran influencia política, también dejó tras de sí un gran patrimonio cultural.

Historia del arte aqueménida

El Imperio aqueménida duró poco más de dos siglos, desde mediados del siglo VI hasta mediados del siglo IV a. e. c. En ese tiempo, creció hasta convertirse en uno de los mayores imperios de la historia, extendiéndose desde el valle del Indo, en el actual Pakistán, hasta Egipto, en el extremo noreste de África. A medida que el imperio crecía y se expandía, adquiría una riqueza y un poder insuperables. Con ello se desarrolló una cultura única, con su propia lengua, historia y arte.

Antes de que surgiera el Imperio persa, la región había estado dominada por otras civilizaciones que trajeron consigo su propia cultura, tradición, herencia, lengua y arte. Una combinación de influencias dominaba la antigua Persia, como los elamitas, los asirios y los medos. Cuando el Imperio aqueménida tomó el control, creó una nueva cultura derivada de las influencias de los que vinieron antes. Muchas de estas dinastías habían coexistido durante algún tiempo en la meseta iraní, lo que dio lugar a una mezcla cultural que produjo tradiciones novedosas.

Las conquistas aqueménidas también desempeñaron un papel importante en el arte y la arquitectura emergentes durante este periodo. Algunas de las principales influencias procedían de las culturas griega, babilónica y lidia. Las miniaturas creadas como ilustraciones u obras de arte independientes a menudo presentaban caracteres chinos. Asimismo, se aprecian influencias romanas, mesopotámicas y egipcias en las obras de arte persas de esta época.

La arquitectura persa surgió como síntesis de las diversas influencias derivadas de las conquistas y la historia del imperio. Su destreza arquitectónica abarcaba desde pintorescas ciudades que servían como centros de administración y gobierno, así como símbolos del poder aqueménida hasta mausoleos y templos, que se diseñaban para honrar a los caídos y rendir culto a los dioses sagrados venerados por los habitantes del Imperio persa. Las anteriores civilizaciones elamita, asiria y meda, así como las tierras conquistadas de Egipto, Lidia y Asia Menor, contribuyeron al proceso de construcción y diseño adoptado por los persas. El resultado fue algo intrínsecamente único y claramente identificable como artesanía persa.

Algunos de los ejemplos más significativos de la arquitectura persa que representan su estilo e influencia son las tumbas reales, como las de Ciro el Grande y Artajerjes IV. Estas tumbas eran un rasgo distintivo del imperio, ya que los reyes de la dinastía solían construir sus propias tumbas. La ciudad de Persépolis, que fue una de las capitales del imperio, es otro ejemplo de la magnificencia del Imperio persa, ya que fue el centro de las funciones gubernamentales y los actos ceremoniales.

Otras dos ciudades importantes fueron Ecbatana y Susa, que siguieron siendo el centro de atención de muchos emperadores persas, cuyos gobernantes ordenaron la construcción de varios monumentos emblemáticos, que han resistido el paso del tiempo y atestiguan el oficio adoptado por los constructores y arquitectos persas. Las estructuras conservadas en estas ciudades ofrecen una gran perspectiva del desarrollo de la arquitectura persa, ya que muestran las construcciones realizadas a lo largo de todo el imperio.

Los persas demostraron una gran habilidad en diversas facetas del arte y la arquitectura. Son especialmente conocidos por su amor y pericia en la creación de relieves en rocas y frisos y por su habilidad con los metales preciosos. Utilizaban sus reservas de oro y plata para crear piezas funcionales y decorativas. Las salas con columnas son un rasgo distintivo de la arquitectura persa, que aparece sobre todo en las construcciones de Jerjes I y Artajerjes III.

Relieves rupestres

Los relieves tallados en la roca se encontraban a menudo en puntos elevados junto a caminos importantes o fuentes de agua, y solían utilizarse para señalar el éxito de una conquista. Los relieves en roca aparecieron por primera vez en la civilización elamita y posteriormente fueron adoptados por muchas civilizaciones posteriores, incluida la aqueménida, y a menudo se tallaban en los mismos lugares. Bajo el mandato de los emperadores persas, estos relieves solían utilizarse para alardear del poderío persa e ilustrar el esplendor y la extensión del imperio. Algunos de los ejemplos más significativos son la inscripción de Behistún y la de Naqsh-e Rostam.

Inscripción de Behistún

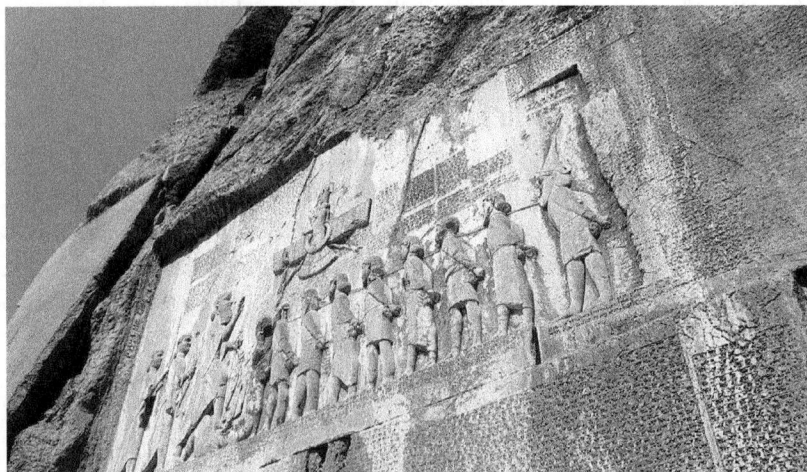

Inscripción de Behistún

La inscripción de Behistún, escrita para Darío el Grande, es un relieve rupestre en varios idiomas que proclama el poder de la dinastía aqueménida. En primer lugar relata una breve autobiografía de Darío y continúa relatando, con gran detalle, las rebeliones que surgieron como consecuencia de las acciones de su predecesor y el éxito de Darío al reprimirlas. Los acontecimientos están escritos en lenguas babilónica, elamita y persa antigua, y la inscripción fue crucial para ayudar a descifrar la escritura cuneiforme. Como proclamación del poderío del imperio, también relaciona todos los territorios bajo dominio persa.

Naqsh-e Rostam

Naqsh-e Rostam

El Naqsh-e Rostam es la tumba y última morada de cuatro reyes aqueménidas cerca de Persépolis. Además de las tumbas, hay varios yacimientos arqueológicos excavados en la cara de la montaña, como el Ka'ba-ye Zartosht y los relieves sasánidas, que datan desde la dinastía elamita hasta la sasánida. Las tumbas de los reyes están excavadas en el acantilado, así como con diversas representaciones, que incluyen imágenes de los reyes siendo bendecidos por los dioses e hileras de otras figuras, presumiblemente soldados y súbditos del rey, ofreciendo tributo.

Las tumbas de los emperadores reciben a veces el nombre de cruces persas por su estructura. La entrada se encuentra en el centro de la cruz, que conduce a la cámara donde yace el rey en un sarcófago. De las cuatro tumbas encontradas aquí, solo la de Darío I está explícitamente identificada. Se cree que las otras tres son las de Jerjes I, Artajerjes I y Darío II. También se encuentra aquí una quinta tumba inconclusa, que se ha especulado que podría pertenecer a Artajerjes IV o a Darío III; la tumba de este último nunca se ha descubierto hasta la fecha. Tras la caída del Imperio aqueménida, los ejércitos de Alejandro Magno saquearon las tumbas, junto con muchas otras estructuras persas.

Friso en relieve

Friso del Grifo, Palacio de Darío

Los relieves de frisos abundan en la arquitectura persa. Estos relieves son paneles individuales decorativos esculpidos que representan diversos diseños. Suelen encontrarse a lo largo de escaleras o edificios reales o como parte del mobiliario. Muchos de estos frisos aqueménidas se encuentran en Persépolis, sobre todo en la arquitectura palaciega, como en las salas del trono de Darío y Jerjes.

Lo más habitual es que los frisos aparezcan en la arquitectura aqueménida como losas con tallas bajas a lo largo de escaleras que conducen a importantes estructuras ceremoniales. Muchos de ellos representan o intentan representar la riqueza del imperio mediante la representación de sirvientes que portan ricas fuentes cargadas de bebida y comida para los banquetes reales.

Uno de los relieves de friso más reconocibles es la representación de un medo. Este relieve se encuentra en una escalera lateral del palacio de Darío; sin embargo, data del reinado de Artajerjes II. Representa al medo, identificable por su vestimenta, la típica túnica con cinturón y gorro redondo, conducido por un persa. El friso los muestra caminando de la mano, quizá representando unas relaciones armoniosas tras la conquista de los medos.

Los frisos que muestran el poder del rey persa se denominan Relieves del Tesoro, que ilustran escenas de todo el imperio, similares al que se encuentra en la escalera del palacio. En la Apadana de Persépolis hay escenas de este tipo, como una en la que aparecen líderes y nobles de las distintas provincias persas bajo un lammasus masculino, un diseño de un ser celestial adoptado de la cultura mesopotámica.

Jardines del Paraíso

Una de las mejores representaciones del arte y el estilo persas son los jardines, que muestran una particular influencia aqueménida. Conocidos como jardines paradisíacos, solían diseñarse en un estilo cerrado y simétrico. Una característica común y única de estos jardines era el *chahar bagh*, que literalmente se traduce como «cuatro jardines», indicando la división en cuatro del jardín que rodeaba una masa de agua, normalmente un estanque. El agua y los aromas eran elementos esenciales de estos jardines. Estanques, canales y fuentes eran elementos comunes y estaban rodeados de flora aromática.

El jardín paradisíaco real de Pasargada, construido por Ciro el Grande, presenta el primer uso conocido del diseño *chahar bagh*. Un pórtico ofrece una apertura a través del jardín, permitiendo no solo un paisaje abierto, sino también creando un diseño cuádruple. Se cree que este diseño característico simboliza el título que ostentaba Ciro el Grande («rey de los cuatro cuartos del mundo»). Se cree que el jardín permaneció en uso durante todo el Imperio aqueménida y hoy está declarado Patrimonio de la Humanidad. Es uno de los restos más antiguos de un jardín persa.

Preciosa orfebrería

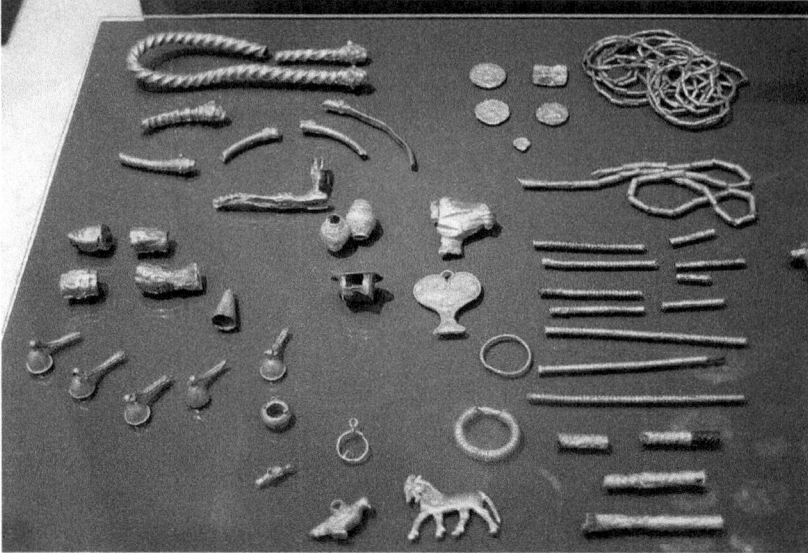

El tesoro del Oxus

El descubrimiento del tesoro del Oxus en el siglo XIX complementó la comprensión moderna de la habilidad persa con la metalistería. El tesoro descubierto contenía unas 180 piezas de orfebrería, incluidas unas 200 monedas, del periodo aqueménida. Es posible que el tesoro original contuviera muchas más piezas, ya que algunos informes históricos sugieren que los tesoros pudieron perderse o fundirse con el paso del tiempo.

La destreza de los persas en el trabajo del metal queda muy patente en el tesoro descubierto. La artesanía persa era ejemplar y avanzada para su época. Muchas de estas piezas presentan diseños muy intrincados, que reflejan una temática similar a la de los tejidos de alfombras, la cerámica y los relieves de la época. El trabajo en metal solía llevar incrustaciones de piedras preciosas. Las piezas encontradas en el tesoro recuperado incluyen brazaletes y pulseras, que solían regalarse al emperador como tributo.

La estatua de Darío I

La estatua de Darío I

Entre las esculturas y estatuas creadas por los persas, el elemento más notable y frecuente es el Tauro, un toro bicéfalo que suele encontrarse en la cabecera de las columnas. Otro ejemplo de su artesanía escultórica es la estatua de Darío I, descubierta en Susa. Se cree que se fabricó en Egipto, dado el granito gris con el que está hecha, que se puede encontrar en Egipto.

La estatua muestra a Darío I vestido y armado con una daga al cinto. En los pliegues de su túnica se pueden ver inscripciones en texto cuneiforme, mientras que en el otro lado aparecen jeroglíficos. Se cree que Darío I encargó esta estatua tras la conquista de Egipto.

Columnas persas

La arquitectura persa utilizaba sobre todo columnas. Su tipo de diseño de columnas tiene su propia categorización y suele presentar una base fuerte rematada con cabezas de animales de dos caras, que normalmente serían toros. Las apadanas eran enormes salas dentro de los palacios persas que a menudo contaban con cientos de columnas gigantes, como las que aparecen en la Sala de las Cien Columnas.

En Persia no existía la habilidad para el trabajo de la piedra que requería este tipo de arquitectura, pero se encontraba en las regiones vecinas y en muchos de los imperios sometidos al dominio persa. Los emperadores aqueménidas tenían muchos territorios a su disposición y podían obtener los servicios de artesanos de todo el imperio. El resultado fue un estilo arquitectónico mestizo, con influencias egipcias, mesopotámicas, lidias y elamitas.

Sala de las Cien Columnas

Sala de las Cien Columnas

Carole Raddato, CC BY-SA 2.0 <https://creativecommons.org/licenses/by-sa/2.0>, vía Wikimedia Commons;
https://commons.wikimedia.org/wiki/File:Hall_of_Hundred_Columns_in_Persepolis,_Iran.jpg

La Sala de las Cien Columnas fue iniciada por Jerjes I, pero completada por su hijo y sucesor, Artajerjes I. Presenta una entrada norte, con el pórtico decorado por dos toros, otro sello distintivo de la arquitectura persa. Cada una de las cien columnas tiene una base ancha que se estrecha hacia la parte superior con un fuste estriado. Las columnas están diseñadas con motivos florales y rematadas por el característico toro bicéfalo. Inicialmente funcionó como salón del trono de Persépolis, pero más tarde pudo convertirse en almacén para gestionar los vastos tesoros y riquezas del Imperio aqueménida.

El Camino Real

Esta antigua carretera, reformada por Darío I, servía para mejorar las comunicaciones. Comenzaba en Sardes y atravesaba Anatolia, Nínive y Babilonia, donde se dividía; un extremo viajaba por Ecbatana hasta lo que se convertiría en la Ruta de la Seda, y el otro discurría por Susa hasta Persépolis. Se cree que algunas partes de la calzada se construyeron durante el dominio asirio, que luego Darío mejoró y amplió.

Se cree que la calzada se utilizó hasta la época romana, y que algunas partes, como el puente de Diyarbakir, siguen en pie hoy en día. Se extendía a lo largo de más de dos mil kilómetros y, al estar pavimentada, era apta para carros y carromatos tirados por caballos. Además de mejorar la comunicación dentro del imperio, el Camino Real también servía para mejorar las relaciones comerciales. Como herramienta militar, era especialmente esencial, ya que permitía a los ejércitos persas cubrir grandes distancias a través del imperio en periodos de tiempo comparativamente más cortos. Era una vía de gran importancia para el imperio y contaba con patrullas y puestos de guardia regulares.

Capítulo 13: Religión

La conquista del Imperio medo por Ciro el Grande condujo al establecimiento de la dinastía aqueménida en 550 a. e. c. En el momento de su formación, el imperio era el mayor jamás visto y sigue siendo el mayor imperio de la historia del mundo en función de la población mundial de la época. El 44% de la población mundial vivía bajo el dominio del Imperio aqueménida.

Dadas estas cifras, es lógico pensar que se trataba de un imperio diverso que incluía diferentes naciones, culturas, lenguas y religiones. Para gobernarlo eficazmente y que durara tanto como lo hizo, era necesario un enfoque de aceptación y tolerancia, que era algo que su fundador, Ciro, defendía.

Política religiosa del Imperio persa

La religión desempeñó un papel importante en el Imperio persa. La meseta iraní tenía una rica historia religiosa debido a los muchos y diversos grupos de personas que vivieron y conquistaron la tierra. Cuando nació el Imperio aqueménida, ya existían en Persia muchas tradiciones y afiliaciones religiosas diferentes. Las conquistas aqueménidas trajeron más religiones bajo el dominio del imperio.

El cilindro de Ciro

El Cilindro de Ciro

Tras la conquista de Babilonia, Ciro el Grande publicó el Cilindro de Ciro, que narra su conquista de Babilonia y la derrota de su rey. A continuación, detalla sus normas y políticas para las regiones bajo su dominio. El Cilindro de Ciro prometía libertad religiosa a los miembros de todos los grupos religiosos que formaban parte del Imperio aqueménida. En particular, concedió a los prisioneros de guerra babilonios permiso para regresar a su patria. Este acto le valió a Ciro elogios por ser un gobernante tolerante y justo.

Bajo su política, los prisioneros de guerra judíos que habían sido llevados a Babilonia pudieron regresar a sus hogares en Jerusalén. Ciro también les concedió ayuda financiera para su viaje y apoyo político, ayudándolos a reconstruir su templo que había sido destruido en la guerra. Tales actos de tolerancia le granjearon gran fama y sirvieron de ejemplo a sus sucesores. La tolerancia religiosa se convertiría en un sello distintivo del gobierno aqueménida, al menos hasta los años que precedieron a su desaparición.

Magos

Magos era la designación oficial del sacerdocio que existía en los imperios medo, aqueménida, parto y sasánida. Durante los dos últimos, el título de magos pasó a denominarse sacerdotes zoroastrianos. La denominación más antigua de los «reyes magos» procede de una de las seis tribus medas, una de las cuales formaba un clan sacerdotal. Su posición entre los medos era de gran influencia y reputación, ya que actuaban como intérpretes de sueños y adivinos.

Durante el periodo elamita, otros sacerdotes procedentes de cultos locales practicaban y predicaban sus creencias. Sin embargo, durante el dominio de los medos sobre Persia, los magos adquirieron mayor importancia y desempeñaron funciones sacerdotales a una escala mucho mayor. Es posible que parte de esta influencia se mantuviera incluso después de la caída de los medos, ya que los magos siguieron teniendo poder durante el Imperio persa.

Los registros del reinado de Darío I muestran que los magos actuaban como sacerdotes oficiales de la realeza aqueménida y gozaban de gran influencia en la corte real. Además de las responsabilidades religiosas, los magos también participaban en las esferas administrativa y económica. A cambio de sus servicios, recibían de las reservas reales harina, vino, cerveza, grano, carneros y fruta.

Durante el periodo aqueménida, los magos aparecieron en Babilonia y Egipto. Esta aparición se debió probablemente al dominio del imperio en estas regiones, a las que los magos viajaban para desempeñar algunas funciones administrativas. También aparecen en textos griegos y se hace referencia a ellos durante las batallas libradas entre persas y griegos.

Se sabía que Jerjes I no tomaba ninguna decisión importante sin el consejo de los magos, que también actuaban como profetas y acompañaban al ejército persa en las campañas. No se realizaban sacrificios sin la presencia de los magos. Los relatos históricos sugieren que los magos ejercían una gran influencia en la corte aqueménida, e incluso algunos fueron nombrados guardianes de la tumba de Ciro el Grande.

Algunos relatos, como los de Heródoto, sugieren que no existían templos para los dioses persas. Sin embargo, existía una jerarquía religiosa claramente definida, que designaba al sacerdote principal y a los sacerdotes menores. Poco se sabe de la religión y la práctica persas antes de la adopción del zoroastrismo, ya que cualquier religión anterior existía principalmente como tradición oral sin escrituras.

Antes de la llegada del zoroastrismo, los magos gozaban de grandes privilegios y fueron los más firmes opositores al auge del zoroastrismo. El sistema social y el statu quo los beneficiaban enormemente, dándoles estatus y riqueza. Las enseñanzas de Zoroastro amenazaban con poner en peligro este estilo de vida para los magos. Después de que el zoroastrismo entrara en la región y fuera ampliamente practicado en Persia, los sacerdotes de la religión empezaron a ser llamados magos.

Zoroastrismo

El auge del zoroastrismo comenzó con Zoroastro o Zaratustra, un profeta de la religión que podría haber predicado en algún momento entre 1500 y 1000 a. e. c. Poco se sabe de él, salvo que procedía de la nobleza y pertenecía a la clase sacerdotal. Se dice que alrededor de los treinta años recibió una revelación de un ser de luz llamado Vohu Manah, representante de Ahura Mazda, el único dios verdadero. Este ser representaba la bondad del pensamiento, las palabras y las obras.

La revelación que Zoroastro recibió en ese momento le decía que las prácticas religiosas actuales de los magos eran incorrectas. Así, Ahura Mazda le fue presentado como el dios verdadero, y Zoroastro fue nombrado su profeta. Como ya existía una clase sacerdotal, las enseñanzas de Zoroastro no fueron aceptadas inmediatamente. Una clase particular del clero, los karpanes, estaban particularmente en contra de todo lo que Zoroastro tenía que decir. Esta nueva enseñanza religiosa fue percibida como una amenaza al statu quo por la clase sacerdotal, que obligó a Zoroastro a renunciar o huir.

Zoroastro viajó hasta el rey Vishtaspa, conocido como el primer rey justo que aceptó la fe predicada por Zoroastro. En la corte de Vishtaspa, Zoroastro debatió la naturaleza de la verdad divina con los sacerdotes de Vishtaspa. Al principio, a Vishtaspa no le gustó este desafío a su fe y mandó encarcelar a Zoroastro. Cuando Zoroastro pudo curar a su caballo paralítico, el rey lo liberó y aceptó la fe. Con su influencia, la fe zoroástrica comenzó a extenderse, sustituyendo a las creencias politeístas de la época.

Se cree que Zoroastro continuó sus enseñanzas hasta su muerte, a la edad de 77 años, viviendo una vida de devoción tranquila. Algunos relatan que falleció de viejo, mientras que otros sugieren que pudo ser asesinado por sus creencias.

La base del zoroastrismo

La fe zoroástrica, que aún perdura, sigue cinco principios básicos. Estos reflejan las enseñanzas de otras religiones monoteístas en el sentido de que predican la existencia de un dios supremo. En el zoroastrismo, ese dios es Ahura Mazda. Así como Ahura Mazda es la encarnación de todo lo que es bueno, su eterno némesis, Angra Mainyu, es la encarnación de todo lo que es malo. La bondad de un hombre puede verse a través de sus pensamientos, palabras y actos, y cada uno tiene el libre albedrío de elegir el bien o el mal para sí mismo.

Los dioses y entidades anteriores que habían existido fueron reasignados como manifestaciones espirituales de Ahura Mazda. Los conceptos preexistentes se asimilaron a esta nueva fe, incluido el del Puente Cinvat, que describe la muerte como el cruce de un río oscuro en barca, el Cruce del Separador. En el zoroastrismo, este puente refleja los actos de la persona que intenta cruzarlo, volviéndose estrecho y afilado para los condenados y más ancho y fácil de cruzar para los justos. Dos guardias que vigilan el puente dan la bienvenida a los justos mientras gruñen a las almas condenadas. El ángel Suroosh guía y vigila a las almas mientras cruzan, y la doncella del puente, Daena, las consuela cuando llegan al cruce.

El zoroastrismo se basa en gran medida en el principio del bien y el mal. Hay espíritus benévolos y malévolos que vagan por el mundo, llamados ahuras y daevas, respectivamente. Dado que su influencia existe en todo el mundo y que los humanos tienen libre albedrío para elegir lo que siguen, es responsabilidad del individuo protegerse de lo malo y negativo, así como aceptar lo justo y positivo. Del mismo modo, es responsabilidad del individuo llevar una vida de honestidad, veracidad y honor, rechazando la mentira y el engaño. De este modo, podrá entrar en el paraíso tras la muerte.

Sin embargo, no llevar una vida recta no conlleva el castigo eterno en la Casa de la Mentira. En el zoroastrismo, una figura parecida a un salvador, Saoshyant, traerá el Fin de los Tiempos, cuando todas las almas serán perdonadas y se reunirán con su creador. Angra Mainyu será derrotado de una vez por todas, y todos, justos o condenados, vivirán en la dicha eterna.

Ahura Mazda

Ahura Mazda

Se cree que Ahura Mazda, el todopoderoso creador de la vida, dio a luz a los otros dioses menores. Encarna todas las fuerzas positivas y brillantes, que chocan con las fuerzas negativas y oscuras que intentan crear el caos a través de Angra Mainyu. El mundo, tal y como fue creado por Ahura Mazda, surgió en siete etapas, empezando por el cielo o, según otras tradiciones, el agua. Este mundo habría traído la armonía universal si no fuera por las tortuosas acciones de Angra Mainyu.

El cielo adquirió la forma de un orbe que contenía agua, y las diferentes masas de agua estaban separadas por la tierra, a la que se concedió vegetación para sustentar la vida. Ahura Mazda creó entonces el toro primordial, Gavaevodata, que fue asesinado por Angra Mainyu. Su cadáver fue llevado a la luna, donde fue purificado. Todos los demás animales nacieron a través de Gavaevodata.

Este concepto de las creaciones de Ahura Mazda, que más tarde fueron destruidas o corrompidas por Angra Mainyu, existe en toda la fe zoroástrica. Cuando el primer humano, Gayomart, fue creado, Angra Mainyu lo mató a causa de su belleza. La semilla del hombre se purificó en el sol, dando a luz una planta de ruibarbo de la que se manifestó la primera pareja sobre la tierra, Mashya y Mashyana. Ahura Mazda les concedió almas, y debían vivir en paz y armonía el uno con el otro. Sin embargo, fueron corrompidos por Angra Mainyu, que los convenció de la traición de Ahura Mazda como falso dios. La pareja cayó en desgracia y fue desterrada a vivir en un mundo de caos y lucha.

Aunque la pareja se vio obligada a vivir en un mundo de conflicto, aún podían elegir vivir una vida de verdad y honestidad, arrepintiéndose ante Ahura Mazda y rechazando la influencia de Angra Mainyu. Así, la esencia de esta fe era la batalla entre el bien y el mal. Todas las demás entidades de la fe, incluidos los seres sobrenaturales, se sitúan en uno u otro extremo del espectro, y los seres humanos también se ven obligados a elegir entre los dos bandos.

El zoroastrismo sufrió muchas modificaciones, sobre todo tras la muerte de Zoroastro. Por ejemplo, el cruce del puente se modificó para incluir un juicio final en el que se sopesarían las acciones de un alma. Las almas que llevaban una vida de verdad serían admitidas en la Casa de la Canción, su paraíso final. Los detractores irían a la oscuridad y la confusión, encontrando su fin último en la Casa de la Mentira, similar al infierno cristiano.

La vida humana en el zoroastrismo

El comienzo de la vida humana fue concebido como un regalo, ya que el alma que Ahura Mazda les había dado debía ser apreciada y cuidada. Ahura Mazda se ocupaba de las necesidades de los humanos y solo les pedía que cuidaran de sus almas adhiriéndose a sus enseñanzas y actuando como defensores de sus valores, es decir, la verdad, la honestidad y la rectitud. La vida humana adquiría su sentido al proteger el don que se le había concedido. Sin embargo, perdía su sentido al rechazar ese don y seguir, en cambio, el propósito vengativo de Angra Mainyu.

Mientras que los humanos tenían libre albedrío para elegir el camino que tomarían en la vida, Ahura Mazda pretendía guiarlos por el camino correcto. Para ello, creó una legión de seres menores que ayudarían a las personas a tomar las decisiones correctas y las protegerían de las fuerzas oscuras de Angra Mainyu. Entre ellos estaban Mitra, el dios del sol naciente, Hvar Ksata, el dios del sol lleno, y Ardvi Sura, la diosa de la salud y la fertilidad.

Los rituales de culto en el zoroastrismo se centran en los cuatro elementos, ya que así es como Ahura Mazda creó el mundo en un principio. Comienza con el fuego, que se enciende en el altar exterior, y termina con el agua, que celebra los elementos de la vida, ya que se encuentra sobre la tierra y está rodeada de aire. De estos elementos, el fuego es el más importante, pero todos son respetados y sagrados.

La religión persa no contaba con templos ni estatuas debido al principio básico zoroástrico de que su dios estaba en todas partes. La idea de un único edificio que pudiera contener a su dios era inaceptable, ya que se consideraba imposible e inapropiado. El uso de los cuatro elementos en su culto hizo que otras regiones, como los griegos, afirmaran que los persas adoraban el fuego. Esto era inexacto, ya que los persas utilizaban los elementos para simbolizar a su dios y adoraban únicamente su poder divino.

El zoroastrismo en el Imperio aqueménida

El zoroastrismo era una de las principales religiones practicadas en la meseta iraní, y muchas pruebas indican que los gobernantes del Imperio aqueménida observaban esta religión. Tras las diversas conquistas de Ciro el Grande que condujeron al establecimiento de la dinastía aqueménida, se sabe que alabó a Ahura Mazda por su éxito. Aunque esto llevó a suponer que era zoroastriano, otras fuentes sugieren que esto podría no ser del todo cierto.

Los registros históricos muestran a Ahura Mazda como una entidad que puede ser anterior a la llegada del zoroastrismo. Se lo consideraba la deidad suprema, y el culto de Ciro al dios no indica necesariamente afiliación al zoroastrismo. Del mismo modo, no existen pruebas concretas de la inclinación religiosa de los emperadores posteriores, aunque la mayoría de las fuentes sugieren que practicaban el zoroastrismo. Ahura Mazda, en particular, es alabado en diversas obras de arte, decretos y en la inscripción Behistún de Darío I.

La política de tolerancia religiosa del Imperio aqueménida significaba que la religión practicada por la casa real nunca se impuso a sus súbditos. Esta es también la razón por la que es difícil determinar con absoluta certeza qué religión practicaba la nobleza persa. Sin embargo, se cree que esta independencia religiosa dio origen al zurvanismo. Este movimiento se derivó del zoroastrismo. La deidad suprema del zurvanismo era Zurvan, o el Tiempo, que creó a Ahura Mazda y Angra Mainyu. Ambos fueron creados como iguales y trabados en una lucha cósmica, cuyo vencedor final sería Ahura Mazda. Se cree que el pensamiento zurvanista cobró fuerza durante la segunda mitad del Imperio aqueménida, pero no adquirió relevancia a gran escala hasta mucho más tarde, durante el periodo sasánida.

Capítulo 14: Ejército

La fuerza del ejército persa queda atestiguada por el poderío del Imperio aqueménida. Dado que la mayoría de las conquistas del imperio fueron precedidas por la guerra, se puede atribuir al ejército persa el mérito de la expansión del Imperio persa.

No está claro si el verdadero mérito de las victorias militares puede atribuirse a la fuerza del ejército, a su destreza o a su liderazgo; sin embargo, su contribución al imperio es innegable. En el transcurso del dominio aqueménida, el ejército persa se expandió y creció hasta incluir mayores efectivos y armamento superior. Incluso en el momento de la derrota final del ejército persa a manos de Alejandro Magno, superaba ampliamente en número a su oponente.

Distribución del ejército persa

El ejército persa constaba de cinco divisiones principales, con tácticas basadas en el movimiento de estos grupos. Incluían a los arqueros, la caballería, la infantería, los carros y, más tarde, la flota de guerra.

Arqueros

Arqueros persas

Los arqueros persas gozaban de gran prestigio, ya que estaban situados en primera línea. La táctica persa consistía en que los *sparabara*, o portadores de escudos, formaran una línea defensiva a la cabeza del ejército. A continuación, los arqueros atacaban a la fuerza contraria disparando sobre los escuderos. Esto preparaba el terreno para que la infantería y la caballería lanzaran un ataque más feroz contra un oponente ya agotado. El arco era también el arma nacional del Imperio aqueménida, lo que indica la importancia de los arqueros en el ejército.

Los arqueros escitas fueron contratados por los persas para entrenar a sus arqueros, ya que tenían habilidades superiores. Por este motivo, los escitas influyeron enormemente en los arqueros persas, incluido su estilo de lucha y armamento. Los persas también adoptaron el arco escita y lo modificaron para que fuera recurvado y de madera en lugar de cuerda, lo que otorgaba mayor flexibilidad al lanzar la flecha. Sus flechas también se modificaron para que fueran más ligeras y tuvieran una punta de bronce.

El arco y las flechas modificados resultaron tan ligeros y útiles de transportar que incluso los soldados de infantería llevaban un arco y algunas flechas al campo de batalla. Las innovaciones persas, combinadas con sus tácticas militares, hicieron que los arqueros fueran considerados unos de los luchadores militares más superiores de su época, incluso más que los cretenses de élite, los arqueros griegos. Los arqueros persas desempeñaron un papel clave en el éxito del ejército persa durante las conquistas expansionistas.

Caballería

Ciro el Grande se dio cuenta por primera vez de la importancia de la caballería tras observar al ejército griego, que utilizaba unidades de caballería con gran ventaja. Inspirándose en los jinetes de Jorasán, Ciro organizó la caballería persa para formar el mayor ejército montado del mundo en aquella época. La caballería ligera portaba arcos escitas alterados. La caballería ligera estaba compuesta por diversas nacionalidades e instigaba las batallas atrayendo al adversario a la lucha.

La caballería pesada, por su parte, contaba en su mayoría con hombres persas que iban armados con el armamento habitual de la infantería: hachas de combate, escudos y arcos. Más tarde, este armamento se actualizó y los soldados de caballería llevaban jabalinas, que tenían una temida reputación entre los enemigos persas. La caballería también portaba largas lanzas de madera o metal, escudos y lanzas.

Carros

Durante el Imperio aqueménida, los carros no solo tenían una función militar, sino también ceremonial y de mando. Los emperadores persas, sobre todo Jerjes I, eran conocidos por ir a la batalla en carro. También aparecía un carro especial vacío. Estaba dedicado a Ahura Mazda y era tirado por ocho caballos blancos, lo que le permitía unirse a los persas en la batalla.

Los carros falcados persas siguieron siendo una de sus innovaciones más mortíferas y eficaces. Ciro el Grande, que nunca había visto mucha utilidad en el carro como arma militar, encargó el carro falcado, que era un arma mucho más eficaz. Funcionaba como un carro normal, pero tenía espadas sujetas a las ruedas, que sobresalían a ambos lados. Las espadas podían cortar o dañar gravemente las extremidades de sus víctimas.

El carro falcado se convirtió en un arma despiadada para los persas, que infligían grandes daños a su enemigo sin mucho peligro para ellos mismos. Su objetivo original era romper las líneas defensivas griegas. Su formación de infantería pesada había demostrado ser demasiado fuerte para la caballería persa, pero los carros falcados lo convirtieron en una tarea fácil.

Flota persa

La flota persa se inspiró en gran medida en los trirremes y birremes griegos. La flota contaba con barcos largos y estrechos. Los trirremes tenían tres niveles de remeros con un largo remo en la parte trasera. En la parte delantera se colocaba un ariete de viga de hierro, diseñado para apuñalar y atacar a los barcos contrarios y destruirlos potencialmente. El birreme solo soportaba dos niveles de remeros y transportaba doscientos hombres en lugar de trescientos. Por lo demás, cumplía muchas de las funciones del trirreme.

La armada persa no existía al comienzo del Imperio aqueménida; fue lanzada por Cambises II para la batalla de Pelusio contra Egipto. Darío I utilizó la armada para la conquista de tierras en Asia Menor para hacer frente a la armada griega. Con su armada, los persas pudieron conquistar Tracia y Samos y lucharon contra los escitas.

Se cree que la armada persa estaba dirigida por comandantes elegidos entre la aristocracia imperial. Es posible que muchos de estos comandantes no fueran persas, ya que en un principio los persas no poseían una flota y, por tanto, no tenían experiencia en el mando de una. Es posible que estos primeros comandantes fueran carios, aunque también se dice que algunos eran griegos. Poco se sabe de los marineros de menor rango, aparte de que en algún momento se contrató a remeros y marineros fenicios. La infantería de marina estaba compuesta casi en su totalidad por medos, persas y escitas.

La armada persa tuvo un profundo impacto en el futuro de la guerra naval en la región. Formaron lo que sería la primera verdadera armada imperial, ya que establecieron la primera armada de trirremes de la historia. La armada también sentó las bases de la ingeniería naval iraní que llegaría más tarde. Las bases navales disfrutaban de grandes beneficios debido a su posición, y las regiones en las que se encontraban gozaban de gran riqueza.

La diversidad del ejército persa

El Imperio persa asimiló varias regiones bajo su dominio, y con ello llegó el reclutamiento de personal militar de diversas regiones. Como resultado, el ejército persa era uno de los más diversos de la época.

Los registros históricos sugieren que la contribución de soldados de una nación al ejército persa provenía de su proximidad a Persia. En lugar de pagar tributo al imperio, las naciones podían aportar más soldados al ejército. Como resultado, los medos aportaron el mayor número de soldados y generales imperiales. El resto del ejército estaba formado por escitas, egipcios, etíopes, indios, bactrianos y otros grupos.

La incorporación de estos diversos grupos al ejército persa también introdujo diferentes técnicas militares y armamento. Los arcos de los escitas, los trirremes de los griegos y los elefantes de guerra de los indios pronto se convirtieron en algo habitual en los campos de batalla persas. Los persas también llegaron a depender en gran medida de los mercenarios, sobre todo hacia el final del reinado de Ciro el Grande y durante el gobierno de Cambises II.

Los mercenarios griegos eran muy útiles para el ejército persa. Por un lado, el armamento y las armaduras persas se consideraban inferiores a los de los griegos. Los mercenarios eran leales a sus empleadores y poseían habilidades y conocimientos tácticos que los persas no conocían. Dado que los mercenarios estaban comprometidos con la guerra, podían luchar con un celo que no se encontraba entre otros soldados del ejército. En ocasiones, los mercenarios eran contratados como generales y pasaban a formar parte de la guardia personal del rey.

División y táctica del ejército persa

Se cree que el ejército persa contaba aproximadamente con entre 120.000 y 150.000 hombres, sin contar el apoyo militar que recibían de sus aliados. El *hazarabam*, formado por mil soldados, era considerado el mejor de los regimientos persas. Diez *hazarabam* formaban la unidad de élite llamada los Inmortales. Eran los guardias personales del rey y estaban muy bien entrenados.

La táctica de guerra persa por defecto consistía en utilizar escudos, mediante *sparabaras*, a lo largo de las líneas del frente y hacer que los arqueros lanzaran el ataque. El ejército persa también estaba entrenado en tácticas de choque, que implicaban el combate cuerpo a cuerpo, aunque esta no era la táctica preferida de los persas, ya que preferían mantener la distancia con el oponente y derrotarlo mediante ataques con proyectiles.

El ataque solía comenzar con las acciones de la caballería ligera, que buscaba instigar al enemigo. Se trataba de pequeños ataques, en los que los soldados utilizaban flechas y pequeñas jabalinas para incitar al adversario a atacar mientras los arqueros preparaban una ofensiva. La caballería se movía entonces para atacar los flancos, haciendo que el adversario se reuniera en una formación densa, lo que dificultaba las maniobras. Si, por el contrario, el ejército optaba por dispersarse, se vería sometido a ataques de choque. De este modo, los adversarios persas, incluso los griegos, sufrían numerosas bajas en el campo de batalla.

La táctica persa era eficaz en teoría, pero no siempre funcionaba. Para que fuera eficaz, los persas necesitaban un terreno amplio y abierto que no obstaculizara los rápidos movimientos de la caballería. También requería una buena sincronización y coordinación entre la caballería, los arqueros y la infantería, así como la inferioridad del armamento y la limitada movilidad del adversario. Cuando el ejército persa sufría una derrota, era por la falta de uno o varios de estos requisitos.

Por ejemplo, los escitas empleaban tácticas de tierra quemada. Mantenían una gran movilidad y nunca se enfrentaban al ejército persa el tiempo suficiente como para permitirle desplegar sus tácticas de guerra. Esto llevó a los persas a perseguir a los escitas en una tierra totalmente desconocida para ellos, mientras los escitas destruían todos los recursos posibles, sin dejar nada a los persas.

La batalla de Maratón contra los griegos también fue un fracaso para los persas. La batalla se desarrolló en una ladera rocosa, que no era apta para que los persas escalaran y lanzaran un ataque. Los atenienses volvieron a la llanura cuando los persas se retiraron a sus naves, por lo que pudieron evitar la lluvia de flechas persas para enfrentarse a ellos en un combate cuerpo a cuerpo. Los atenienses no tenían problemas de movilidad y no contaban con armas o habilidades inferiores que los persas pudieran explotar. Y aunque el ejército de Alejandro Magno era inferior en número, pudo derrotar a las fuerzas persas gracias a una planificación táctica superior y a las diversas divisiones del ejército de Alejandro. Estaba compuesto por una gran variedad de unidades de caballería e infantería que podían lanzar ataques en todo tipo de terrenos con una gran variedad de armamento, obligando a los persas a entrar en combate cuerpo a cuerpo, donde se veían ampliamente superados.

Los griegos tenían una armadura muy superior, que desviaba las flechas y pequeñas jabalinas lanzadas como parte del ataque inicial de los persas. Una vez que los persas se vieron forzados al combate cuerpo a cuerpo, tenían pocas posibilidades de victoria, ya que su armamento inferior y su falta de armadura no podían competir con los griegos, aunque no poseían menos valor ni espíritu que sus oponentes. El ejército persa también dependía en gran medida de su líder o rey en la batalla. Aunque permanecían coordinados bajo su dirección, caían inmediatamente en el desorden si el líder militar era llamado o se veía obligado a huir, como ocurrió cuando Darío III se enfrentó a las fuerzas de Alejandro Magno.

Preparación para la batalla

Aunque el ejército persa tenía una gran fuerza numérica, rara vez era suficiente para grandes expediciones. En tales casos, el ejército necesitaba ser reclutado, y el proceso podía durar años. El Imperio persa contaba con guarniciones en los centros urbanos importantes, y los sátrapas tenían su propia guardia y ejército local. Sin embargo, no se recurría a ellos para lanzar una campaña, ya que dejaría al sátrapa vulnerable e indefenso ante una posible rebelión.

Los mercenarios y los guerreros tribales eran mucho más fáciles de reclutar y reunir en tiempos de necesidad. Se los convocaba a los *handaisa*, los puestos de reclutamiento, donde se les pasaba revista y se los reclutaba. El ejército almacenaba provisiones a lo largo de la ruta que tomaba para la campaña, aunque los hombres también transportaban suministros en carros de equipaje. Dada la importancia de la religión en la cultura persa, los magos acompañarían estas campañas, entonando himnos mientras rodeaban al comandante. Llevaban un estandarte de águila y fuego sagrado en soportes portátiles.

Se enviaban exploradores para vigilar los movimientos del enemigo. Los militares también establecieron un gran sistema de comunicación fiable durante los desplazamientos. El Camino Real servía a los correos para transmitir mensajes con rapidez. Los correos mantenían su velocidad cambiando de caballo con frecuencia. Los persas también utilizaban señales de fuego para enviar noticias rápidamente.

El ejército persa dependía en gran medida de las marchas diurnas, ya que a los comandantes no les gustaba avanzar o atacar por la noche. La marcha diurna era lenta, debido al equipaje que a menudo llevaban. Además de provisiones para el viaje y la guerra, la comitiva solía incluir literas para las esposas y concubinas del rey y los comandantes. Por la noche, el ejército acampaba en zonas llanas. Si temían que se acercara el enemigo, cavaban zanjas y montaban defensas de sacos de arena a su alrededor. Antes de comenzar una batalla, se celebraba un consejo para discutir estrategias y tácticas.

Capítulo 15: Las lenguas y la cuestión de la verdad

El Imperio persa adoptó la lengua persa, también conocida como parsi, que siguió siendo la lengua predominante durante todo el dominio aqueménida. El persa forma parte del grupo de lenguas indoiranias, y la difusión y el uso de la lengua llegaron desde las fronteras indias hasta Egipto y el Mediterráneo, y es posible que también influyeran en regiones del norte. El persa antiguo, conocido localmente como *ariya*, aparece en los registros e inscripciones del periodo aqueménida, sobre todo en la inscripción de Behistún de Darío I.

En la época moderna, la lengua parsi ha cambiado de forma, y se habla y escribe más allá de las regiones de Oriente Próximo. Con la conquista del valle del Indo, el Imperio aqueménida introdujo la lengua persa en el subcontinente indio. Siguió siendo una lengua popular en las cortes reales hasta la llegada de los británicos, que prohibieron muchas lenguas locales.

Persa antiguo

El persa antiguo se considera en gran medida la lengua del Imperio aqueménida. Se utiliza en textos administrativos y legales y en inscripciones que celebran la vida y las conquistas de los emperadores persas. La inscripción de Behistún es la más antigua de la que se tiene constancia, aunque la lengua data de mucho antes. Se cree que una tribu llamada Parsuwaš introdujo la lengua en la meseta iraní a principios del primer milenio antes de Cristo.

Registros asirios posteriores indican el uso de antiguas lenguas iraníes, como el persa y el medo. El persa antiguo contiene muchas palabras de la lengua meda, hoy extinta, lo que indica que se utilizaba en la región mucho antes del Imperio aqueménida. La inscripción de Behistún no se limita a una sola lengua. Repite el mismo texto en tres lenguas de escritura cuneiforme: Persa antiguo, elamita y babilonio. Esto indica que, al igual que ocurría con la religión, la diversidad lingüística era bienvenida en el Imperio persa.

Incluso durante el Imperio aqueménida, el persa antiguo no conservó su forma original, desarrollándose y transformándose en lo que hoy se conoce como lengua persa postantigua o prepersa media, ya que se encuentra entre las dos formaciones distintas de la lengua. La lengua es evidente en el siglo IV a. e. c., donde las inscripciones de Darío I difieren en gran medida de las inscripciones posteriores realizadas durante los reinados de Artajerjes II y Artajerjes III.

Esta forma de persa antiguo sirvió de puente hacia el persa medio, que evolucionó hasta convertirse en el nuevo persa. Con cada transformación sucesiva, la lengua y la sintaxis se volvían más simples y sencillas que las anteriores.

Persa medio

El persa medio se desarrolló después del Imperio aqueménida, durante el periodo sasánida. Aparte de las inscripciones y algunos registros desenterrados durante el Imperio aqueménida, se pueden encontrar pocos ejemplos de sus escritos, por lo que desconocemos la extensión y diversidad de las lenguas utilizadas durante esta época. Sin embargo, del periodo sasánida se han desenterrado muchos textos escritos, sobre todo de tipo religioso, que indican el paso del persa antiguo al persa medio.

El desarrollo del persa medio, al igual que otras lenguas del Irán medio, comenzó a mediados del siglo V a. e. c. y continuó hasta el siglo VII de nuestra era. Este periodo de desarrollo se caracteriza por un cambio en la forma de hablar, escribir y utilizar la lengua. La lengua también se vio influida por los cambios del imperio y adoptó muchos rasgos de la lengua griega. El persa antiguo, tal y como había sido utilizado por los aqueménidas, presentaba la lengua aramea, que empezó a perder su influencia con el paso del tiempo.

Persa moderno

El persa moderno, nuevo persa o farsi evolucionó a partir del persa medio y no es totalmente de origen iraní. La lengua tardó en cambiar, y la metamorfosis se prolongó hasta el siglo X u XI e. c. y acabó formulándose en la versión conocida hoy. Recibió grandes influencias de diversas lenguas, como el inglés, el francés y el alemán, pero la aportación más notable procede del árabe, que sustituyó muchos de los términos persas originales.

Aunque existen palabras europeas en la lengua persa, ya sean inglesas o francesas, existen en gran medida por necesidad. Palabras como «coche» simplemente no existían en persa, y la solución fue importar la palabra en lugar de inventar un término adecuado. Otras palabras, como *merci*, que tienen equivalentes persas adecuados, simplemente se integraron en la lengua hasta el punto de sonar naturales en lugar de extrañas para sus hablantes.

Sin embargo, la influencia árabe en la lengua fue diferente. No solo sustituyó a la escritura persa original, sino que muchas palabras y términos árabes reemplazaron directamente a los persas. Esta evolución de la lengua persa se considera perjudicial, ya que aniquiló por completo muchas partes de la lengua persa. Estas partes de la lengua están ahora extintas y suenan más extrañas a los hablantes persas que las palabras no persas de su lengua.

El uso de la lengua en la cultura aqueménida

El persa antiguo no se convirtió en una de las lenguas aqueménidas hasta mucho más tarde. Desde el reinado de Ciro el Grande hasta el de Darío I, el centro del Imperio persa estuvo en Susa, en Elam. Por ello, la lengua principal de la administración siguió siendo el elamita, ya que era la más lógica. El uso del elamita está atestiguado en las tablillas y fortificaciones halladas en Persépolis.

Sin embargo, aunque el elamita siguió siendo la lengua oficial, no fue la única utilizada, ni siquiera en los primeros tiempos del Imperio aqueménida. Cualquier uso del elamita iba siempre acompañado de textos escritos en persa antiguo, babilonio o acadio. Este enfoque multilingüe ha llevado a los historiadores a creer que el elamita pudo ser la lengua central de Susa. Es posible que en otras regiones del imperio primaran otras lenguas. En cualquier caso, después de mediados del siglo V a. e. c., no hay constancia del uso del elamita en los registros de la época aqueménida.

Los persas y el arameo

Tras la conquista de Mesopotamia por Ciro el Grande, el arameo se introdujo en el Imperio aqueménida. Originario de Mesopotamia, se cree que fue adoptado por los persas como lengua oficial, lo que ayudaría a gobernar las diversas regiones bajo dominio persa que, por lo demás, albergaban lenguas, pueblos y culturas muy diferentes. Aunque muchos creen que los persas utilizaron el arameo como lengua oficial, no existe ningún documento o inscripción oficial que sugiera que fue adoptado como tal. De hecho, no existe tal afirmación para ninguna lengua utilizada durante el Imperio aqueménida. El arameo se utilizaba de forma más generalizada en el Imperio persa, y siguió sobreviviendo mucho después de la desaparición de los aqueménidas.

El uso del persa antiguo estaba igualmente extendido; sin embargo, a juzgar por los sellos, objetos artísticos e inscripciones recuperados, es posible que su uso fuera más común en las regiones occidentales de Irán.

La evolución de la lengua fue bastante drástica y difería mucho de su forma original al comienzo del reinado de Artajerjes II. Se cree que esto se debió a que la lengua, en su forma original, había caído en el olvido en favor de otras lenguas utilizadas en el imperio. Los escribas que redactaron textos en persa antiguo intentaron hacerlo recreando inscripciones más antiguas, obteniendo resultados imperfectos y escasamente precisos.

Influencia griega

La relación de los aqueménidas con los griegos hizo que, al menos ocasionalmente, mantuvieran correspondencia en lengua griega. Los persas mantenían amplias, aunque normalmente hostiles, relaciones con los griegos, y también conquistaron muchas regiones griegas en Asia Menor. Además, los mercenarios griegos eran una parte importante del ejército persa, y los persas a menudo forjaban alianzas con los griegos para ayudar en diversas campañas. Artajerjes II también actuó como árbitro para iniciar la Paz del Rey entre varias ciudades-estado griegas. Por tanto, la lengua griega desempeñó un papel importante en la burocracia persa.

Sin embargo, no existen registros escritos de influencias lingüísticas griegas en el Imperio aqueménida. Además de las frecuentes relaciones de los persas con los griegos, existen pruebas que indican que muchos griegos también vivían en el Imperio aqueménida, especialmente en Irán. En la construcción de varios monumentos persas participaron constructores griegos, y en Persépolis se han descubierto algunas inscripciones griegas. Parece inevitable que el Imperio aqueménida utilizara, en cierta medida, la lengua griega dentro de su círculo administrativo.

La comunicación en el Imperio persa

Uno de los pilares del éxito de un imperio son sus canales de comunicación. Para dirigir un imperio tan vasto y diverso como el aqueménida, una comunicación eficaz y rápida era un requisito indispensable. Sin ella, no solo se paralizarían los procesos administrativos, sino que el imperio no estaría preparado para responder a amenazas repentinas. Así pues, los mensajes debían enviarse con rapidez y fiabilidad, pero también debían transmitirse en un idioma que todos pudieran entender.

Jerarquía de la comunicación

La comunicación en el Imperio aqueménida seguía una ruta descendente, empezando por la corte real. El rey emitía las directivas y órdenes, que se transmitían a los sátrapas. Los sátrapas ejecutaban estas directrices en sus respectivas regiones de gobierno. El despliegue de sátrapas en las cortes regionales pretendía ser una extensión de la corte del rey, donde debían emularse sus prácticas aceptadas.

De este modo también se establecía un canal de comunicación más eficaz. El Imperio aqueménida tenía bajo su dominio una vasta región geográfica; intentar dispersar cualquier mensaje de forma eficaz por todo el reino supondría un gran desafío. Dado que los sátrapas solían ser miembros de la familia real, se podía confiar en ellos para que mantuvieran la tradición real en las cortes regionales y para que mantuvieran canales de comunicación eficaces y rápidos en sus respectivas regiones.

Correspondencia

Dado que el arameo había sido adoptado tras la conquista de Mesopotamia y establecido como lengua administrativa, sirvió ampliamente como principal lengua de correspondencia. El carácter multilingüe del Imperio aqueménida hizo necesaria esta práctica, ya que no había otra forma de garantizar la comunicación entre las distintas satrapías. No hay constancia de que los propios emperadores aqueménidas mostraran preferencia por ninguna lengua en particular.

Con una única lengua administrativa, el trabajo de los escribas se vio facilitado, ya que solo tenían que aprender arameo para cumplir su función en la corte real. Se conservan muy pocos ejemplos de correspondencia real, ya que gran parte de ella estaba inscrita en objetos perecederos. Las pocas muestras que se conservan de la comunicación entre varios sátrapas hacen pensar que el arameo era la lengua oficial de comunicación.

La cuestión de la verdad

Uno de los principios centrales de la vida persa, señalado por varios historiadores, es el énfasis en la veracidad. Se cree en gran medida que esto tenía su origen en una perspectiva religiosa. El zoroastrismo, una de las religiones más practicadas en el Imperio persa, presenta a Ahura Mazda como un dios todopoderoso, un ser de luz que valora la verdad y la honestidad. Seguir sus prácticas y defender estos principios era lo que daba sentido a la vida. Es lógico, pues, que la verdad fuera muy importante en la vida persa. Según los relatos históricos, no había nada más vergonzoso que mentir, y esto influiría en muchas políticas y prácticas persas.

Sin embargo, puede ser inexacto decir que la importancia de la verdad surgió de una base religiosa. Incluso antes de la propagación del zoroastrismo, el pueblo persa seguía una ética básica que definía su vida. A falta de tribunales ordenados, leyes y encargados de hacer cumplir tales políticas, entre las diversas tribus iraníes imperaba un código de honor, entre cuyos principios básicos se encontraba el de decir la verdad. Incluso quienes no habían crecido bajo las enseñanzas de ninguna religión seguían y valoraban estos principios éticos, que formaban parte esencial de la vida persa.

La mentira se consideraba la base de todo mal en la moral persa, dentro y fuera de la práctica del zoroastrismo. El libro zoroástrico, el *Avesta*, también menciona la falacia de la mentira, afirmando que conducía a la corrupción del hombre justo. El concepto de decir la verdad estaba tan arraigado en el pensamiento persa que Darío I lo utilizó para justificar sus acciones para hacerse con el trono.

La inscripción de Behistún narra la ascensión de Darío I al trono y las acciones que emprendió para reprimir las rebeliones en el Imperio persa. La inscripción enumera los nombres de una serie de impostores, entre ellos el impostor Bardia, cuyas mentiras y engaños hicieron que la nación cayera en la rebelión, provocando disturbios, caos y luchas. Darío I emergió de este caos como el portador de la luz y la verdad, habiendo sofocado la rebelión y tratado con los retadores de Ahura Mazda.

Capítulo 16: Gobierno del Imperio

Cuando Ciro el Grande fundó el Imperio aqueménida, estableció un régimen organizado. El imperio contaba con cuatro ciudades capitales durante el reinado de Ciro, que sirvieron como centros para la gestión administrativa del vasto imperio multiregional. Estas cuatro ciudades eran Pasargada, Susa, Ecbatana y Babilonia. Estas ciudades también estaban destinadas a mostrar el poder y la potencia del Imperio persa.

El Imperio aqueménida también estableció una forma de gobierno un tanto regional. El sistema de satrapías establecía unidades administrativas en todo el imperio, donde se instalaban gobernadores o sátrapas para supervisar la región. Además del sátrapa, se empleaba a un general para dirigir las operaciones militares y a un secretario de estado para llevar los registros. A medida que el imperio crecía, también lo hacían las satrapías, y la forma de gobierno aqueménida influyó en muchos regímenes posteriores.

El sistema de gobierno

El sistema de satrapías no era nuevo en la meseta iraní, ya que lo habían aplicado antes los medos y los asirios. Ciro se inspiró en ellos para su propio gobierno, aunque optó por introducir algunos cambios vitales. Se cree que el Imperio persa recibió la mayor influencia de imperios extranjeros que ningún otro imperio anterior.

Un aspecto común del Imperio persa y de los que le precedieron fue que todos gobernaban sobre un grupo diverso de personas. Sin embargo, a diferencia del Imperio persa, las dinastías anteriores no habían sido tan grandes ni armoniosas en su gobierno, por lo que se desintegraron. Ciro el Grande aprendió esta lección de los asirios y medos, error que no deseaba repetir. Una de las políticas que deseaba evitar era la práctica asiria del traslado forzoso y la deportación de grandes grupos.

Este traslado forzoso no era del todo insensible; nunca se separaba a las familias y se transportaba a las personas en función de dónde pudieran necesitarse más sus habilidades. En cualquier caso, el traslado forzoso no fomentaba ninguna buena voluntad hacia el poder gobernante. Los imperios anteriores tampoco hicieron ningún esfuerzo por preservar las culturas de sus tierras conquistadas. Se despojaba a los habitantes de las regiones de su identidad en lugar de acogerlos como nuevas regiones del imperio. También se ignoraron las prácticas religiosas de las tierras conquistadas en favor de establecer la preferencia religiosa del imperio gobernante.

Aunque la religión oficial de la corte aqueménida sigue siendo objeto de debate, es bien sabido que no se impuso ninguna religión, ideología cultural o tradición a los súbditos conquistados. La gente era libre de practicar la fe que quisiera, hablar la lengua que prefiriera y seguir viviendo como antes. La liberación de los judíos de Babilonia por parte de Ciro el Grande se considera otro ejemplo de su compromiso con este enfoque de aceptación y la marca de un verdadero líder. La única obligación impuesta a las tierras recién adquiridas era que pagaran su parte de impuestos y aportaran hombres al ejército.

Aunque existían gobiernos regionales en el Imperio aqueménida, no eran totalmente independientes. En particular, durante el gobierno de Ciro el Grande, se emplearon funcionarios para vigilar a los sátrapas. Informaban de los asuntos regionales al rey, actuando como sus «ojos y oídos». Esta práctica puede haber contribuido, al menos en parte, a la paz que vivió el imperio durante esta época, ya que no hay constancia de ninguna revuelta durante el reinado de Ciro.

Las políticas aqueménidas en materia de tolerancia hacia el crimen o la traición diferían en función de los emperadores. A menudo se cree que el sucesor de Ciro, su hijo Cambises, era más severo en los castigos que imponía como gobernante y, por tanto, se lo consideraba no apto para el trono. Aunque conquistó Egipto, también forjó hostilidades con los egipcios y los griegos, lo que podría explicar su enfoque más severo.

Ordenanza de buenas regulaciones

El sucesor de Cambises, Darío I, adoptó un enfoque más liberal, instituyendo lo que llamó la «ordenanza de las buenas regulaciones».

Dada la falta de registros escritos de la época, se sabe poco sobre los detalles de la ordenanza. Sin embargo, uno de sus principios esenciales se refería a los castigos por delitos, instando a todos, incluso al rey, a reconsiderar los castigos severos por un delito. Por el contrario, a la hora de juzgar a una persona debían tenerse en cuenta sus buenas acciones.

Darío optó por castigos indulgentes para los delitos cometidos por primera vez, sobre todo si se sopesaban los servicios del individuo. Por ejemplo, un juez que fuera sorprendido aceptando un soborno no sería crucificado, un castigo que Cambises habría considerado justo. En su lugar, Darío habría degradado al juez si esa hubiera sido su única ofensa.

La organización del imperio recibió más atención durante este período, ya que Darío dividió el reino en siete regiones. Estas regiones se dividieron a su vez en veinte satrapías. Siguiendo la política de Ciro de mantener vigilado el imperio, Darío instituyó un sistema similar. Se contrató a un tesorero real para garantizar que los gastos y actividades de los sátrapas se realizaban con la aprobación del rey. Además, se contrataron inspectores cuyo trabajo consistía en vigilar a varios sátrapas. Vigilarían a los funcionarios del gobierno, asegurándose de que todos los trabajos se realizaban con honestidad. Otro comité se encargaba de revisar la recaudación de ingresos de cada sátrapa, asegurándose de que todos los ciudadanos estuvieran registrados, de que todos los impuestos se impusieran y pagaran de forma justa y de que todos se dirigieran a donde debían. Esto puede considerarse un sistema justo y equitativo diseñado para prevenir la corrupción y proteger los derechos de todos.

Chapar Khaneh

El sistema postal no era un invento nuevo. Los neoasirios y los neobabilonios ya utilizaban algún tipo de sistema de reparto de correo. Sin embargo, la innovación de los aqueménidas creó lo que puede considerarse el predecesor más cercano al sistema de correo moderno. El Camino Real desempeñó un papel fundamental, ya que conectaba varias regiones lejanas del imperio, acortando los largos viajes en cuestión de días.

Los mensajes eran entregados por correos a caballo a través de un sistema de relevo que permitía la entrega rápida y coherente de cartas y mensajes. Los iraníes, incluso durante el Imperio persa, eran especialmente hábiles montando a caballo, y su sistema de entrega implicaba cambiar de caballo a intervalos frecuentes para garantizar una velocidad constante. Dado que toda la correspondencia administrativa se realizaba en arameo, se garantizaba un lenguaje estandarizado, lo que también contribuía a la rapidez de la entrega. El *Chapar Khaneh*, o estación de servicio postal, se situaba a intervalos a lo largo del Camino Real.

El sistema fiscal

Aunque Ciro estableció un modelo fiscal anterior, se cree que Darío I lo mejoró, creando un sistema justo, equitativo y bien distribuido. La tributación se decidía en función de la capacidad económica de cada satrapía, como su productividad y la cantidad que cada una podía aportar de forma realista. En función de sus puntos fuertes —por ejemplo, Egipto por sus cosechas—, cada satrapía debía pagar esa cantidad en impuestos. Se cree que Babilonia tenía el mayor potencial económico y, en consecuencia, pagaba la mayor cantidad en impuestos.

Los persas no estaban sujetos al sistema tributario. Estaba reservado estrictamente a las tierras conquistadas, que además podían aportar más soldados al ejército del imperio en lugar de pagar impuestos más elevados.

La esclavitud no era una práctica muy común en el Imperio persa, pero se daba. La esclavitud había existido en la región antes del Imperio aqueménida, y el término utilizado para describirlos, *bandaka*, se refería a la dependencia general. El término esclavitud se utilizaba a menudo para denotar el estatus real del emperador, marcando al público como sus súbditos, lo que hace que el grado de práctica de la esclavitud durante el Imperio persa no esté claro. La esclavitud también se menciona en relación con la conquista de tierras vecinas que pasaron a formar parte del Imperio persa. Los futuros imperios que sucedieron a los aqueménidas se inspirarían en este sistema para establecer sus propias políticas administrativas.

Acuñación aquemenida

El uso de la moneda, en particular la de oro, se atribuyó por primera vez a los lidios hacia mediados del siglo VI a. e. c. Lidia fue conquistada por Ciro, y el sistema de acuñación de monedas se introdujo a una escala mucho mayor en todo el Imperio persa.

Antes de la conquista de Lidia, el sistema de acuñación de monedas era un concepto extraño para los persas. El sistema de trueque era la base de la actividad económica, con cierto uso de lingotes de plata. El sistema de acuñación de moneda supuso una revolución económica; Lidia ya había sido una potencia líder en el comercio gracias a su invención.

Sardes se convirtió en un importante centro urbano. Allí se encontraba la ceca, por lo que Sardes actuaba como capital de la región aquemenida occidental. Las monedas que salían de Sardes abastecían a esta región, convirtiéndose en una fuerza vital para la fortaleza económica del Imperio aquemenida. Cuando Darío I se convirtió en rey, revolucionó el sistema de acuñación de monedas existente acuñándolas con imágenes de Persépolis. Algunos incluso creen que el término para la moneda de oro, el dárico, deriva de su nombre, Darío I, ya sea por su influencia en el sistema de acuñación o por la creencia de que fue él quien introdujo el sistema en Persia.

Las monedas lidias originales se diseñaban mediante un sistema de punzones incusos en una cara y algún diseño pictórico en la otra. Darío I simplificó el modelo lidio, que utilizaba dos punzones, sustituyéndolo por uno. Los diseños pictóricos anteriores se adoptaron de los lidios, que incluían diseños de animales y formas geométricas. Además de imágenes de Persépolis, los persas también utilizaban imágenes de arqueros, que representaban el poderío del ejército aqueménida.

Transporte

El sistema comercial establecido bajo el dominio aqueménida se complementaba con amplias infraestructuras y un sistema de acuñación de moneda fiable. Los aranceles obtenidos del comercio constituían una lucrativa fuente de ingresos para el imperio, que también incluía impuestos agrícolas y tributos. La economía persa, sobre todo tras la introducción de la moneda lidia, experimentó un gran impulso. Sin embargo, su mayor apoyo provino de las infraestructuras que los emperadores, en particular Ciro y Darío I, invirtieron para aumentar la eficacia del comercio y los ingresos.

El Camino Real ofrecía varias estaciones y caravasares, o posadas al borde de la carretera, tanto para mercaderes como para mensajeros, lo que ayudó a crear un sistema de comercio que no se parecía a ningún otro de la época. El comercio a lo largo del Camino Real también era más fiable, ya que se veía menos afectado por los cambios climáticos y estaba construido para viajar rápidamente a caballo. Para el Imperio aqueménida, el Camino Real era una forma de entregar mensajes rápidamente, complementar el comercio y garantizar que el rey tuviera ojos en todo su vasto imperio.

El Camino Real no era la única vía por la que se podía comerciar. La Gran Ruta de Jorasán conectaba Mesopotamia con la meseta iraní y llegaba hasta el valle del Indo. Funcionaba como ruta alternativa no oficial para los mercaderes y más tarde se convirtió en ruta de intercambio cultural tras la conquista de Alejandro Magno. Durante la dinastía abasí, la Ruta de Jurasán pasó a formar parte de la Ruta de la Seda.

Conclusión

El Imperio aqueménida sigue teniendo gran importancia hoy en día, no solo por ser el mayor imperio de su época, sino también por la influencia duradera que ejerció en la configuración geopolítica de la meseta iraní. A partir de Ciro el Grande, el Imperio persa adquirió gran importancia. A medida que el imperio se expandía, acumulaba poder y riqueza.

Con las diversas regiones que los aqueménidas fueron capaces de conquistar, el Imperio persa asimiló muchas culturas, religiones y lenguas diferentes. También introdujo en los persas formas de gobierno más eficientes, técnicas militares y armamento superiores, y mano de obra experta en muchos oficios. El poder del Imperio aqueménida puede apreciarse en los monumentos que dejó tras de sí, en los que se inscribieron relatos de sus éxitos. En sus primeros años, el imperio conoció un gran éxito y siguió siendo un símbolo de diversidad y tolerancia.

Incluso después de caer en manos de los griegos, el imperio siguió teniendo un efecto duradero en la región. La herencia y la cultura persas adquirieron gran relevancia en Asia y Oriente Próximo, donde fueron asimiladas por otros imperios y dinastías. Muchas de las políticas del Imperio persa pueden verse en imperios posteriores.

La conquista del Imperio persa por Alejandro Magno le proporcionó un vasto territorio, que podía gobernar a su antojo, aunque los griegos optaron por continuar con la forma de gobierno persa. Más tarde, los romanos adoptarían un método similar. El modelo de gobierno persa fue adoptado por la dinastía abasí a mediados del siglo VIII e. c., durante un periodo conocido como la Edad de Oro del islam. Los abasíes siguieron la costumbre aqueménida de establecer un centro del imperio en Mesopotamia y contaron con el apoyo de la aristocracia persa durante su ascenso y expansión. La lengua y la arquitectura persas se incorporaron en gran medida al mundo islámico.

Aunque el Imperio aqueménida predicaba y practicaba la tolerancia religiosa, es difícil determinar el motivo que la impulsó. Puede que fuera simplemente en aras de la aceptación y la diversidad, o puede que hubiera sido prácticamente imposible imponer una única religión, cultura o lengua en un imperio tan vasto; cualquier intento de hacerlo probablemente habría perturbado la paz. En cualquier caso, este enfoque constituyó un ejemplo de tolerancia y aceptación religiosa que aún hoy se considera la marca de un gran gobernante. El impacto de las políticas religiosas de los emperadores aqueménidas, en particular su apoyo a los judíos que fueron conquistados y obligados a abandonar sus hogares por los babilonios, les valió una mención en los textos judeocristianos.

Como se cree que los emperadores aqueménidas practicaban el zoroastrismo, o al menos algunas de sus enseñanzas, desempeñaron un papel vital en su difusión. El imperio albergaba un gran número de seguidores del zoroastrismo y, con la expansión del imperio, los persas conocieron nuevas culturas y religiones. Sin embargo, también llevaron el zoroastrismo a las regiones que conquistaron, junto con los territorios vecinos. Gracias a los persas, el zoroastrismo se extendió hasta China, donde prosperó durante casi un milenio hasta que la dinastía Tang persiguió a sus practicantes.

Los persas son considerados los principales instigadores de las guerras greco-persas, e influyeron enormemente en la cultura de las regiones griegas. Los atenienses, por ejemplo, adoptaron muchas costumbres y tradiciones persas en su vida cotidiana. Aunque la naturaleza de la relación entre ambos grupos era a menudo hostil, no impidió que ambos entablaran una especie de intercambio cultural, que dio lugar al desarrollo de nuevas costumbres híbridas.

El éxito inicial del Imperio persa parece tan inevitable como su posterior perdición. El imperio había comenzado con una visión y un propósito claros, que Ciro el Grande y sus sucesores pusieron en marcha. La expansión del imperio no se limitaba a librar guerras; los emperadores también se preocupaban por un gobierno justo y equitativo, por la tolerancia y la bondad. Los gobernantes posteriores del imperio pueden ser enteramente responsables de la caída del imperio, ya que el centro de atención pasó de la prosperidad del imperio a las luchas por el trono, lo que dio lugar a que los hermanos libraran guerras y se mataran entre sí. Aunque el Imperio aqueménida intentó restablecer su dominio, lo hizo mediante luchas que no estaba preparado para ganar, lo que provocó su desastrosa pero inevitable desaparición. Sin embargo, su legado perdurará.

Vea más libros escritos por Enthralling History

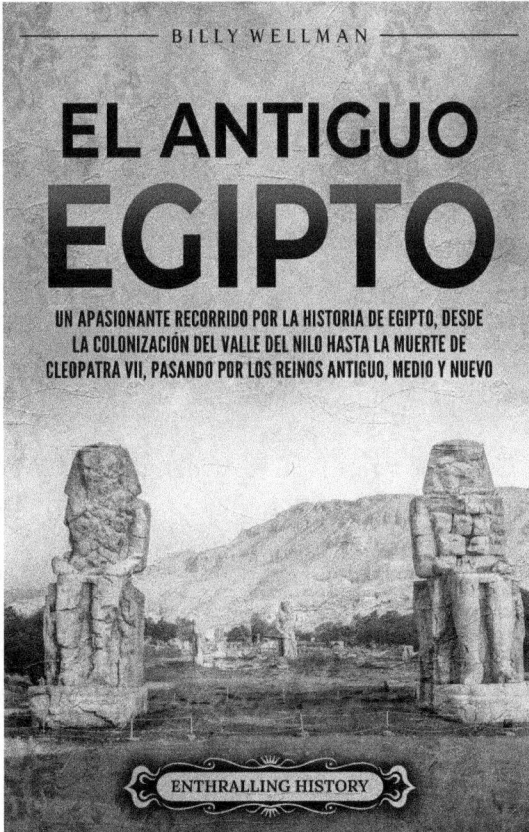

Bibliografía

Al Atrash, Sami. "The Rise and Fall of the Scythians in Western Asia". TheCollector, 14 de julio de 2022, https://www.thecollector.com/rise-of-the-scythians/.

Arteshe Iran. "Siege of Pasargadae Hill". Arteshe Iran - Persian Military History, 2009, http://arteshe-iran.blogspot.com/2009/01/siege-of-pasargadae-hill.html

Badian, E. "Darius III". Harvard Studies in Classical Philology, vol. 1000, 2000, pp. 241–267. JSTOR, https://doi.org/10.2307/3185218.

Baldwin, Tanya. "Cyrus the Great Facts & Achievements | Who was King Cyrus the Great? - Video & Lesson Transcript". Study.com, 26 de abril de 2022, https://study.com/learn/lesson/cyrus-the-great-facts-achievements.html.

Bawden, Charles R. "Darius III | king of Persia | Britannica". Encyclopedia Britannica, 1 enero de 2023, https://www.britannica.com/biography/Darius-III.

Behroozi, Mehrnaaz, and Leila Kochaki Kia. "The Administrative Structure of Achaemenid and Seleucid Empires in Observing Civil Rights". International Journal of Culture and History, vol. 3, no. 1, 2017, http://www.ijch.net/vol3/077-SD0018.pdf.

BlueBox Creighton. "Art and Architecture of the Achaemenid Empire". BlueBox Creighton, 2016, https://bluebox.creighton.edu/demo/modules/en-boundless-old/www.boundless.com/art-history/textbooks/boundless-art-history-textbook/art-of-the-ancient-near-east-3/persia-863/art-and-architecture-of-the-achaemenid-empire-292-1911/.

Bosanquet, I. W. "Chronology of the Medes, from the Reign of Deioces to the Reign of Darius, the Son of Hystaspes, or Darius the Mede". Journal of the Royal Asiatic Society of Great Britain and Ireland, vol. 17, 1860, pp. 39-69. JSTOR, https://www.jstor.org/stable/25581223?seq=6.

Bowman, Alan K., et al. "Ancient Egypt | History, Government, Culture, Map, & Facts". Encyclopedia Britannica, 3 enero de 2023, https://www.britannica.com/place/ancient-Egypt.

Briant, Pierre. "Darius II". Oxford Classical Dictionary, 10 de agosto de 2022, https://oxfordre.com/classics/display/10.1093/acrefore/9780199381135.001.0001/acrefore-9780199381135-e-2030;jsessionid=B1D1E132F1430380405FB5B68CE2294D.

Briant, Pierre. From Cyrus to Alexander: A History of the Persian Empire. Pennsylvania State University Press, 2002.

Britannica, The Editors of Encyclopedia. "Ancient Iran | History, Map, Cities, Religion, Art, Language, & Facts". Encyclopedia Britannica, 2022, https://www.britannica.com/place/ancient-Iran.

Britannica, The Editors of Encyclopedia. "Battle of Issus". Encyclopedia Britannica, 4 enero de 2023, https://www.britannica.com/event/Battle-of-Issus-Persian-history

Britannica, The Editors of Encyclopedia. "Deioces | king of Media | Britannica". Encyclopedia Britannica, 2016, https://www.britannica.com/biography/Deioces.

Britannica, The Editors of Encyclopedia. "Greco-Persian Wars | Definition, Battles, Summary, Facts, Effects, & History". Encyclopedia Britannica, 2022, https://www.britannica.com/event/Greco-Persian-Wars.

Britannica, The Editors of Encyclopedia. "Greco-Persian Wars | Definition, Battles, Summary, Facts, Effects, & History". Encyclopedia Britannica, 2022, https://www.britannica.com/event/Greco-Persian-Wars.

Britannica, The Editors of Encyclopedia. "Magus | Persian priesthood | Britannica". Encyclopedia Britannica, 2022, https://www.britannica.com/topic/Magus.

Britannica, The Editors of Encyclopedia. "Media | ancient region, Iran | Britannica". Encyclopedia Britannica, 2020, https://www.britannica.com/place/Media-ancient-region-Iran.

Britannica, The Editors of Encyclopedia. "Battle of Cnidus | Persian history | Britannica". Encyclopedia Britannica, 2022, https://www.britannica.com/topic/Battle-of-Cnidus.

Cartwright, Mark. "Lydia". World History Encyclopedia, 3 de abril de 2016, https://www.worldhistory.org/lydia/.

Charles, Michael. "TWO NOTES ON DARIUS III". The Cambridge Classical Journal, vol. 62, 2016, pp. 52-64, https://doi.org/10.1017/S1750270516000063.

Chua, Michelle. "The Strength and Structure of the Ancient Persian Army". Brewminate, 21 dejunio de 2019, https://brewminate.com/the-strength-and-structure-of-the-ancient-persian-army/.

The Columbia Encyclopedia. "Artaxerxes II". Encyclopedia.com, 2023, https://www.encyclopedia.com/reference/encyclopedias-almanacs-transcripts-and-maps/artaxerxes-ii.

The Columbia Encyclopedia. "Darius II". Encyclopedia.com, The Columbia Encyclopedia, 2023, https://www.encyclopedia.com/reference/encyclopedias-almanacs-transcripts-and-maps/darius-ii.

Course Hero. "Histories Book 5 The Persian Conquest of Thrace Summary". Course Hero, 2019, https://www.coursehero.com/lit/Histories/book-5-the-persian-conquest-of-thrace-summary/.

Criss, Megan. "Achaemenid Art & Architecture: Definition & Characteristics". Study.com, 2016, https://study.com/academy/lesson/achaemenid-art-architecture-definition-characteristics.html.

Cristian, Radu, and Osama Shukir. "Darius I". World History Encyclopedia, 10 de abril de 2017, https://www.worldhistory.org/Darius_I/.

Crystalinks. "Median Empire". Crystalinks, 2023, https://www.crystalinks.com/media.html.

Cyrus, Emperor, and Reza Abbasi. "Persian Art - A History of Ancient Persian Paintings and Iranian Art". Art in Context, 28 de junio de 2022, https://artincontext.org/persian-art/.

Dandamayev, M. A. "ARTABAZUS – Encyclopedia Iranica". Encyclopedia Iranica, 1986, https://iranicaonline.org/articles/artabazus-gk.

Dandamayev, Muhammad A. "CAMBYSES – Encyclopedia Iranica". Encyclopedia Iranica, 1990, https://www.iranicaonline.org/articles/cambyses-opers.

Dandamayev, Muhammad A. "MAGI – Encyclopedia Iranica". Encyclopedia Iranica, 30 de mayo de 2000, https://www.iranicaonline.org/articles/magi.

Deering, Mary. "Persian Empire Timeline & Culture | When Did the Persian Empire Start? - Video & Lesson Transcript". Study.com, 20 de enero de 2022, https://study.com/academy/lesson/persian-empire-history-culture-timeline.html.

Department of Ancient Near Eastern Art. "Assyria, 1365–609 B.C. | Essay". The Metropolitan Museum of Art, 2004, https://www.metmuseum.org/toah/hd/assy/hd_assy.htm.

Ducksters. "Iran History and Timeline Overview". Ducksters, Technological Solutions, 2023, https://www.ducksters.com/geography/country/iran_history_timeline.php.

Dunn, Jimmy. "Egypt: Cambyses II, the First Persian Ruler of Egypt and His Lost Army". Tour Egypt, 12 de junio de 2011, http://www.touregypt.net/featurestories/cambyses2.htm.

Encyclopedia Iranica. "ARTAXERXES I – Encyclopedia Iranica". Encyclopedia Iranica, 2011, https://www.iranicaonline.org/articles/artaxerxes-i.

Encyclopedia Judaica. "Medes and Media". Jewish Virtual Library, 2008, https://www.jewishvirtuallibrary.org/medes-and-media.

Encyclopedia of Ancient Art. "Ancient Persian Art & Culture". Visual Arts Cork, 2022, http://www.visual-arts-cork.com/ancient-art/persian.htm.

The Famous People. "Artaxerxes I Of Persia Biography - Facts, Childhood, Family Life & Achievements". The Famous People, 2020, https://www.thefamouspeople.com/profiles/artaxerxes-i-of-persia-37603.php.

"From Artaxerxes III to Alexander III, 342–332". Trouble in the West: Egypt and the Persian Empire, 525-332 BC, by Stephen Ruzicka, Oxford University Press, USA, 2012, pp. 199-209.

Frye, Richard N., and Matthew Smith. "Cyrus the Great | Biography & Facts | Britannica". Encyclopedia Britannica, 6 de enero de 2023, https://www.britannica.com/biography/Cyrus-the-Great.

Garlinghouse, Tom. "Who were the ancient Persians?". Live Science, 14 de julio de 2022, https://www.livescience.com/who-were-the-persians.

Gill, NS. "Ancient Persian Rulers Timeline (Modern Iran)". ThoughtCo, 30 de mayo de 2019, https://www.thoughtco.com/timeline-of-the-ancient-rulers-of-persia-120250.

Gill, NS. "The Battle at Issus". ThoughtCo, 6 de septiembre de 2018, https://www.thoughtco.com/overview-battle-issus-november-333-bc-116810.

Giotto, M. "The Peloponnesian Wars ("The Great War" 431-404 BC)". Penfield Edu, 2013, https://www.penfield.edu/webpages/jgiotto/onlinetextbook.cfm?subpage=1649849.

GotQuestions. "Who was Artaxerxes in the Bible?". GotQuestions.org, 25 de febrero de 2022, https://www.gotquestions.org/Artaxerxes-in-the-Bible.html.

Gottheil, Richard, and Eduard Meyer. "ARTAXERXES III. - JewishEncyclopedia.com". Jewish Encyclopedia, 2023, https://www.jewishencyclopedia.com/articles/1829-artaxerxes-iii.

Gottheil, Richard, and Eduard Meyer. "ARTAXERXES II - JewishEncyclopedia.com". Jewish Encyclopedia, 2022, https://www.jewishencyclopedia.com/articles/1828-artaxerxes-ii.

Gottheil, Richard, and Eduard Meyer. "ARTAXERXES I - JewishEncyclopedia.com". Jewish Encyclopedia, 2023, https://www.jewishencyclopedia.com/articles/1827-artaxerxes-i.

Harding, Robert. "The Battle of Gaugamela, 1 de octubre de 331 BC". The Past, 8 de septiembre de 2021, https://the-past.com/feature/the-battle-of-gaugamela-1-october-331-bc/.

Heritage History. "Persian Wars of Conquest". Heritage History, 2022, https://www.heritage-history.com/index.php?c=resources&s=war-dir&f=wars_persianconquest.

Hirschy, Noah Calvin. Artaxerxes III Ochus and His Reign: With Special Consideration of the Old Testament Sources Bearing Upon the Period; An Inaugural Dissertation (Classic Reprint). Fb&c Limited, 2016.

History.com Editors. "Peloponnesian War". History, 22 de agosto de 2019, https://www.history.com/topics/ancient-greece/peloponnesian-war.

HIstory.com Editors. "Zoroastrianism". History.com, 13 de febrero de 2018, https://www.history.com/topics/religion/zoroastrianism. Consultado el 19 de febrero de 2023.

History World. "History of Iran (Persia)". HistoryWorld, 2023, http://www.historyworld.net/wrldhis/PlainTextHistories.asp?ParagraphID=azt.

Hodsdon, Edd. "Darius the Great: 9 Facts About the King of Kings". TheCollector, 5 de febrero de 2021, https://www.thecollector.com/darius-the-great-king-of-kings/.

Hodsdon, Edd. "King Xerxes I: 9 Facts About His Life and Rule". TheCollector, 26 de febrero de 2021, https://www.thecollector.com/king-xerxes-i/.

Holmes, Robert CL. "Kings of Persia: These 12 Achaemenid Rulers Led an Empire". TheCollector, 18 de julio de 2020, https://www.thecollector.com/kings-of-persia/.

Homepages. "Artaxerxes II King of Persia". Homepages, 2003, https://homepages.rpi.edu/~holmes/Hobbies/Genealogy2/ps22/ps22_441.htm.

Homepages. "Xerxes I 'The Great' King of Persia". Homepages, 2003, https://homepages.rpi.edu/~holmes/Hobbies/Genealogy2/ps22/ps22_444.htm.

Horne, Charles F. "Ancient Mesopotamia: Biography of Cyrus the Great". Ducksters, 2023, https://www.ducksters.com/history/mesopotamia/cyrus_the_great.php.

Hyland, John O., and Stephen Ruzicka. "Persian Interventions | Hopkins Press". JHU Press, 2017, https://www.press.jhu.edu/books/title/11954/persian-interventions.

Iran Chamber Society. "Historic Personalities of Iran: Median Empire". Iran Chamber Society, 2023, https://www.iranchamber.com/history/median/median.php.

Iran Chamber Society. "History of Iran: Cyrus the Great". Iran Chamber Society, 2023, https://www.iranchamber.com/history/cyrus/cyrus.php.

Iran Chamber Society. "History of Iran: Darius the Great". Iran Chamber Society, 2023, https://www.iranchamber.com/history/darius/darius.php.

Jameson, Zachary, and Stephanie Przybylek. "Persian Empire Architecture & Art | What was the Persian Empire? - Video & Lesson Transcript". Study.com, 28 de julio de 2022, https://study.com/learn/lesson/persian-empire-architecture-art.html.

Joe, Jimmy. "Darius III: The Last King of the Great Persian Empire". Timeless Myths, 2022, https://www.timelessmyths.com/characters/darius-iii/.

Joe, Jimmy. "Darius II: The Authentic Legacy of This Persian King of Kings". Timeless Myths, 2022, https://www.timelessmyths.com/characters/darius-ii/.

Kennedy, Stetson. "Cyrus the Great and Religious Tolerance | Tolerance". Tolerance: Tavaana,

Kerrigan, Michael. "Battle of Nineveh | Summary | Britannica". Encyclopedia Britannica, 2017, https://www.britannica.com/event/Battle-of-Nineveh.

Khan Academy. "The Rise of Persia (article)". Khan Academy, 2017, https://www.khanacademy.org/humanities/world-history/ancient-medieval/ancient-persia/a/the-rise-of-persia.

Kidd, Fiona. "Ideas of Empire: The "Royal Garden" at Pasargadae". Metropolitan Museum of Art, 29 de julio de 2013, https://www.metmuseum.org/blogs/now-at-the-met/features/2013/pasargadae.

Klein, Christopher. "How Cyrus the Great Turned Ancient Persia into a Superpower". How Cyrus the Great Turned Ancient Persia into a Superpower, 14 de julio de 2022, https://www.history.com/news/cyrus-the-great-persian-empire-iran.

Klein, Christopher. "How Cyrus the Great Turned Ancient Persia into a Superpower". How Cyrus the Great Turned Ancient Persia into a Superpower, 14 de julio de 2022, https://www.history.com/news/cyrus-the-great-persian-empire-iran.

Kohansal, Hassan. "The Function of Non- Iranian Languages in the Persian Achaemenid Empire | PalArch's Journal of Archaeology of Egypt / Egyptology". PalArch's Journals, 30 de diciembre de 2020, https://archives.palarch.nl/index.php/jae/article/view/8871.

Kovalev, R. K. "Scythians". Encyclopedia.com, 2018, https://www.encyclopedia.com/history/modern-europe/russian-soviet-and-cis-history/scythians.

Landious Travel. "Artaxerxes III". Landious Travel, 2023, https://landioustravel.com/egypt/pharaohs-egypt/artaxerxes-iii/.

The Latin Library. "The Persian Empire". The Latin Library, 2023, http://www.thelatinlibrary.com/imperialism/notes/persia.html.

Lendering, Jona. "Amyrtaeus". Livius.org, 30 de abril de 2020, https://www.livius.org/articles/person/amyrtaeus/.

Lendering, Jona. "Artabazus (2)". Livius.org, 4 de agosto de 2020, https://www.livius.org/articles/person/artabazus-2/.

Lendering, Jona. "Cambyses II". Livius.org, 30 de abril de 2020, https://www.livius.org/articles/person/cambyses-ii/.

Lendering, Jona. "Cambyses II". Livius.org, 30 de abril de 2020, https://www.livius.org/articles/person/cambyses-ii/.

Lendering, Jona. "Cambyses II (2)". Livius.org, 23 de junio de 2020, https://www.livius.org/articles/person/cambyses-ii/cambyses-ii-2/.

Lendering, Jona. "Cyaxares". Livius.org, 9 de mayo de 2019, https://www.livius.org/articles/person/cyaxares/.

Lendering, Jona. "Cyrus the Great". Livius.org, 12 de octubre de 2020, https://www.livius.org/articles/person/cyrus-the-great/.

Lendering, Jona. "Darius II Nothus". Livius.org, 12 de octubre de 2020, https://www.livius.org/articles/person/darius-ii-nothus/.

Lendering, Jona. "Darius the Great: Death". Livius.org, 21 de abril de 2020, https://www.livius.org/articles/person/darius-the-great/9-death/.

Lendering, Jona. "Medes". Livius.org, 12 de octubre de 2020, https://www.livius.org/articles/people/medes/.

Lendering, Jona. "Mycale (479 BCE)". Livius.org, 10 de agosto de 2020, https://www.livius.org/articles/battle/mycale-479-bce/.

Lendering, Jona. "Persepolis, Hall of 100 Columns". Livius.org, 23 de abril de 2020, https://www.livius.org/articles/place/persepolis/persepolis-photos/persepolis-hall-of-100-columns/.

Library of Congress. "Religion - A Thousand Years of the Persian Book | Exhibitions". Library of Congress, 2022, https://www.loc.gov/exhibits/thousand-years-of-the-persian-book/religion.html.

Livius. "The treaties between Persia and Sparta". Livius.org, 15 de octubre de 2020, https://www.livius.org/sources/content/thucydides-historian/the-treaties-between-persia-and-sparta/.

Lloyd, H. F. "Iranian art and architecture | ancient art | Britannica". Encyclopedia Britannica, 2018, https://www.britannica.com/art/Iranian-art.

Lohnes, Kate, and Donald Sommerville. "Battle of Thermopylae | Date, Location, and Facts". Encyclopedia Britannica, 12 de febrero de 2023, https://www.britannica.com/event/Battle-of-Thermopylae-Greek-history-480-BC.

Lorenzi, Rossella. "Vanished Persian army said found in desert". NBC News, 9 de noviembre de 2009, https://www.nbcnews.com/id/wbna33791672.

Lumen Learning. "Government and Trade in the Achaemenid Empire | World Civilization". Lumen Learning, 2022, https://courses.lumenlearning.com/suny-hccc-worldcivilization/chapter/government-and-trade-in-the-achaemenid-empire/.

Mark, Joshua J. "The Battle of Pelusium: A Victory Decided by Cats". World History Encyclopedia, 13 de junio de 2017, https://www.worldhistory.org/article/43/the-battle-of-pelusium-a-victory-decided-by-cats/.

Mark, Joshua J., et al. "Ancient Persian Art and Architecture". World History Encyclopedia, 22 de enero de 2020, https://www.worldhistory.org/Ancient_Persian_Art_and_Architecture/.

Mark, Joshua J., et al. "Ancient Persian Government". World History Encyclopedia, 14 de noviembre de 2019, https://www.worldhistory.org/Persian_Government/.

Mark, Joshua J., et al. "Ancient Persian Warfare". World History Encyclopedia, 25 de noviembre de 2019, https://www.worldhistory.org/Persian_Warfare/.

Mark, Joshua J., et al. "Artaxerxes II". World History Encyclopedia, 6 de marzo de 2020, https://www.worldhistory.org/Artaxerxes_II/.

Mark, Joshua J., et al. "Battle of Thymbra". World History Encyclopedia, 3 de noviembre de 2022, https://www.worldhistory.org/Battle_of_Thymbra/.

Mark, Joshua J., et al. "Xerxes I". World History Encyclopedia, 2018, https://www.worldhistory.org/Xerxes_I/.

Mark, Joshua J., and Bruce Allardice. "Artaxerxes II". World History Encyclopedia, 6 de marzo de 2020, https://www.worldhistory.org/Artaxerxes_II/.

Mark, Joshua J., and Mark Cartwright. "Artaxerxes I". World History Encyclopedia, 3 de marzo de 2020, https://www.worldhistory.org/Artaxerxes_I/.

Mark, Joshua J., and Marc De Mieroop. "Behistun Inscription". World History Encyclopedia, 28 de noviembre de 2019, https://www.worldhistory.org/Behistun_Inscription/.

Mark, Joshua J., and Katarina Maruskinova. "Elam". World History Encyclopedia, 27 de agosto de 2020, https://www.worldhistory.org/elam/.

Mark, Joshua J., and Osama Shukir. "Ancient Persian Religion". World History Encyclopedia, 11 de diciembre de 2019, https://www.worldhistory.org/Ancient_Persian_Religion/.

Mark, Joshua J., and Osama Shukir. "Assyria". World History Encyclopedia, 2018, https://www.worldhistory.org/assyria/.

Matthews, Rupert. "Battle of Gaugamela". Encyclopedia Britannica, 4 de enero de 2023, https://www.britannica.com/event/Battle-of-Gaugamela.

Matthews, Rupert. "Battle of Granicus | Summary | Britannica". Encyclopedia Britannica, 2017, https://www.britannica.com/event/Battle-of-the-Granicus-334BCE.

Maurino, M. "Battle of Opis - The Great Battles of History". Ars Bellica, 2014, http://www.arsbellica.it/pagine/battaglie_in_sintesi/Opis_eng.html. Consultado el 16 de febrero de 2023.

McCollum, Daniel. "The Persian Empire: Government & Army - Video & Lesson Transcript". Study.com, 28 de diciembre de 2021, https://study.com/academy/lesson/the-persian-empire-government-army.html.

McGill. "Cyrus the Great". Cyrus the Great, 2023,

The Met Museum. "Relief: figure in a procession". MetMuseum, 2017.

Mildenberg, Leo. "Artaxerxes III Ochus (358 – 338 B.C.). A Note on the Maligned King". Zeitschrift Des Deutschen Palästina-Vereins, vol. 115, no. 2, 1999, pp. 201-227. JSTOR, http://www.jstor.org/stable/27931620.

Military History. "Artaxerxes III". Military Wiki, 2022, https://military-history.fandom.com/wiki/Artaxerxes_III.

Military History. "Battle of Pasargadae | Military Wiki | Fandom". Military Wiki, 2023, https://military-history.fandom.com/wiki/Battle_of_Pasargadae.

Ministry. "Research: The Seventh Year of Artaxerxes I". Ministry Magazine, 1953, https://www.ministrymagazine.org/archive/1953/06/research-the-seventh-year-of-artaxerxes-i.

Munn, JM. "Darius I | Biography, Accomplishments, & Facts | Britannica". Encyclopedia Britannica, 2022, https://www.britannica.com/biography/Darius-I.

Muscarella, O. W. "IRON AGE". Encyclopedia Iranica, 15 de diciembre de 2006, https://www.iranicaonline.org/articles/iron-age.

Muscato, Christopher. "Persian Empire: Religion & Social Structure | History & Significance - Video & Lesson Transcript". Study.com, 19 de abril de 2022, https://study.com/academy/lesson/the-persian-empire-religion-social-structure.html.

National Geographic Society. "The Peloponnesian War". National Geographic Society, 19 de mayo de 2022, https://education.nationalgeographic.org/resource/peloponnesian-war.

New World Encyclopedia. "Cyrus the Great". New World Encyclopedia, 23 de junio de 2022, https://www.newworldencyclopedia.org/entry/Cyrus_the_Great.

Nijssen, Daan, and Larry Hedrick. "Cyrus the Great". World History Encyclopedia, 21 de febrero de 2018, https://www.worldhistory.org/Cyrus_the_Great/.

Nijssen, Daan, and Simon Seitz. "Cambyses II". World History Encyclopedia, 18 de mayo de 2018, https://www.worldhistory.org/Cambyses_II/.

Nikiforov, Leonid Alekseyevich. "Phraortes | king of Media | Britannica". Encyclopedia Britannica, 4 de febrero de 2023, https://www.britannica.com/biography/Phraortes.

"Pasargadae | For UNESCO World Heritage Travellers". World Heritage Site, 2022, https://www.worldheritagesite.org/list/Pasargadae.

Peel, Mike. "Cyrus the Great Biography - The Great King of Persia". Totally History, 2013, https://totallyhistory.com/cyrus-the-great/.

Penner, Jay. "The Story of the Lost Army of Cambyses". Jay Penner Books, 2020, https://jaypenner.com/blog/the-story-of-the-lost-army-of-cambyses/.

The Persians. "Iran, the world's first superpower". The Persians, 2018, https://www.the-persians.co.uk/medes.htm.

The Persians. "IRAN: The world's first superpower". The Persians, 10 de agosto de 2022, https://www.the-persians.co.uk/.well-known/captcha/?r=%2FartaxerxesII.1.htm.

The Persians. "IRAN The world's first superpower". The Persians, 10 de agosto de 2022, https://www.the-persians.co.uk/.well-known/captcha/?r=%2FartaxerxesII.1.htm.

Persians Are Not Arabs. "Persian Architecture • Evolution of modern art (& famous buildings) | PANA". Persians Are Not Arabs, 2019, https://www.persiansarenotarabs.com/persian-architecture/.

PressBooks. "Persian Art – Art and Visual Culture: Prehistory to Renaissance". PressBooks, 2023, https://pressbooks.bccampus.ca/cavestocathedrals/chapter/persian/.

Przybylek, Stephanie. "The Persian Empire: Art & Architecture - Video & Lesson Transcript". Study.com, 31 de diciembre de 2022, https://study.com/academy/lesson/the-persian-empire-art-architecture.html.

Public Broadcasting Service. "The Greeks - Sparta and Persia strike up an alliance in 413". PBS, 2023, http://www.pbs.org/empires/thegreeks/keyevents/412_c.html.

Radpour, Ardeshir, and Andre Castaigne. "Achaemenid Military Equipments | CAIS©". The Circle of Ancient Iranian Studies, 2022, https://www.cais-soas.com/CAIS/History/hakhamaneshian/AchaemenidMilitaryEquip.htm.

Rahnamoon, Fariborz. "History of Persian or Parsi Language". Iran Chamber Society, 2023, https://www.iranchamber.com/literature/articles/persian_parsi_language_history.php.

Rattini, Kristin Baird. "Darius I—facts and information" .National Geographic, 11 de febrero de 2019, https://www.nationalgeographic.com/culture/article/darius-i-persia.

Rattini, Kristin Baird. "Who was Cyrus the Great?". National Geographic, 6 de mayo de 2019, https://www.nationalgeographic.com/culture/article/cyrus-the-great.

"The Religion of Xerxes". Xerxes: A Persian Life, by Richard Stoneman, Yale University Press, 2015, pp. 88-108.

Rensselaer Polytechnic Institute. "Cyaxares King of the Medes". Rensselaer Polytechnic Institute, https://homepages.rpi.edu/~holmes/Hobbies/Genealogy2/ps22/ps22_460.htm.

Rezakhani, Khodad. "Medes, the First (Western) Iranian Kingdom - (The Circle of Ancient Iranian Studies - CAIS)©". CAIS @ SOAS, 2023, https://www.cais-soas.com/CAIS/History/madha/medes_first_iranian_kingdom.htm.

Rickard, J. "Artaxerxes III, r.359-338 BC". History of War, 14 de septiembre de 2016, http://www.historyofwar.org/articles/people_artaxerxes_III.html.

Rickard, J. "Artaxerxes II (r.404-359 BC)". History of War, 14 de septiembre de 2016, http://www.historyofwar.org/articles/people_artaxerxes_II.html.

Rickard, J. "Darius II, r.423-404 BC". History of War, 6 de abril de 2017, http://www.historyofwar.org/articles/people_darius_II.html.

Rickard, J. "Persian Conquest of Egypt, 525 BC". History of War, 24 de marzo de 2015, http://www.historyofwar.org/articles/wars_persian_egypt_525.html.

Ronan, Mark. "The Rise and Fall of Nimrud". History Today, 6 de junio de 2015, https://www.historytoday.com/archive/history-matters/rise-and-fall-nimrud.

Ryder, T. T.B. "Spartan Relations with Persia after the King's Peace: A Strange Story in Diodorus 15.9". The Classical Quarterly, vol. 13, no. 1, 1963, pp. 105-109. JSTOR, https://www.jstor.org/stable/637943.

Sancisi-Weerdenburg, Heleen. "DARIUS iv. Darius II – Encyclopedia Iranica". Encyclopedia Iranica, 1994, https://iranicaonline.org/articles/darius-iv.

Savoia, Gianpaolo. "The Median Dynastic Empire; The Coming of the Aryans & Creation of the First Iranian Dynastic Empire | CAIS©". CAIS @ SOAS, 2004, https://www.cais-soas.com/CAIS/History/madha/medes.htm.

Schmitt, R. "ARTAXERXES II – Encyclopedia Iranica". Encyclopedia Iranica, 1986, https://www.iranicaonline.org/articles/artaxerxes-ii-achaemenid-king.

Schmitt, R. "ARTAXERXES III – Encyclopedia Iranica". Encyclopedia Iranica, 1986, https://www.iranicaonline.org/articles/artaxerxes-iii-throne-name-of-ochus-gk.

Schmitt, R. "ASTYAGES – Encyclopedia Iranica". Encyclopedia Iranica, 1987, https://iranicaonline.org/articles/astyages-the-last-median-king.

Schmitt, Rüdiger. "DEIOCES". Encyclopedia Iranica, 17 de enero de 2022, https://www.iranicaonline.org/articles/deioces.

Scmitt, R. "ASTYAGES – Encyclopedia Iranica". Encyclopedia Iranica, 2011, https://iranicaonline.org/articles/astyages-the-last-median-king.

Seymour, Michael. "The Later Legacy of Cyrus the Great". The Metropolitan Museum of Art, 24 de junio de 2013, https://www.metmuseum.org/blogs/now-at-the-met/features/2013/cyrus-the-great.

Shahbazi, A. S. "History of Iran: Achaemenid Army". Iran Chamber Society, 2023, https://www.iranchamber.com/history/achaemenids/achaemenid_army.php.

Shannahan, John. "Artaxerxes II". Macquarie University, 28 de marzo de 2022, https://figshare.mq.edu.au/articles/thesis/Artaxerxes_II/19443077/1.

Shapur Shahbazi, A. "DARIUS iii. Darius I the Great – Encyclopedia Iranica". Encyclopedia Iranica, 1994, https://iranicaonline.org/articles/darius-iii.

Smith, Matthew. "Artaxerxes I | king of Persia | Britannica". Encyclopedia Britannica, 20 de enero de 2023, https://www.britannica.com/biography/Artaxerxes-I.

Smith, Matthew. "Astyages | king of Media | Britannica". Encyclopedia Britannica, 20 de enero de 2023, https://www.britannica.com/biography/Astyages.

Smith, Matthew. "Cambyses II | king of Persia | Britannica". Encyclopedia Britannica, 20 de enero de 2023, https://www.britannica.com/biography/Cambyses-II.

Smith, Matthew. "Croesus | king of Lydia | Britannica". Encyclopedia Britannica, 20 de enero de 2023, https://www.britannica.com/biography/Croesus.

Smith, Matthew. "Cyaxares | king of Media | Britannica". Encyclopedia Britannica, 20 de enero de 2023, https://www.britannica.com/biography/Cyaxares.

Smith, Matthew. "Darius II Ochus | king of Persia | Britannica". Encyclopedia Britannica, 20 de enero de 2023, https://www.britannica.com/biography/Darius-II-Ochus.

Smith, Scott, and Adrienne Mayor. "Scythian Warfare". World History Encyclopedia, 21 de febrero de 2022, https://www.worldhistory.org/Scythian_Warfare/.

Sommerville, Donald. "Battle of Plataea | Summary | Britannica". Encyclopedia Britannica, 2017, https://www.britannica.com/event/Battle-of-Plataea.

Stewart, M. "People, Places, & Things: Medes". Greek Mythology: From the Iliad to the Fall of the Last Tyrant, 2023, http://messagenetcommresearch.com/myths/ppt/Medes_1.html.

Sullivan, Richard E. "Artaxerxes III | king of Persia | Britannica". Encyclopedia Britannica, 31 de enero de 2023, https://www.britannica.com/biography/Artaxerxes-III.

Sullivan, Richard E. "Artaxerxes II | king of Persia | Britannica". Encyclopedia Britannica, 31 de enero de 2023, https://www.britannica.com/biography/Artaxerxes-II.

TAPPersia. "A History of Persian Art and Architecture". TAP Persia, 12 de noviembre de 2022, https://www.tappersia.com/a-history-of-persian-art-and-architecture/.

"10. The Mythical Origins of the Medes and the Persians". Myth, Truth, and Narrative in Herodotus, edited by Emily Baragwanath and Mathieu de Bakker, OUP Oxford, 2012.

ThenAgain. "Darius III: 336-330 BC". thenagain.info, 2022, http://www.thenagain.info/WebChron/MiddleEast/DariusIII.html.

Time Graphics. "Artaxerxes I (Longimanus) King of Persia 475 - 423 B.C.E. (Nov 3, 475 BC – Feb 19, 423 BC) (Timeline)". Time Graphics, 2018, https://time.graphics/period/219447.

TimeMaps. "The Persian Empire: Government and State in Ancient Persia". TimeMaps, 2022, https://timemaps.com/encyclopedia/persian-empire-state/.

Truitt, Benjamin. "King Cyrus the Great: Biography & Accomplishments - Video & Lesson Transcript". Study.com, 14 de septiembre de 2021, https://study.com/academy/lesson/cyrus-the-great-facts-accomplishments-quiz.html.

Twinkl. "What is Persian Religion? - Answered". Twinkl, 2022, https://www.twinkl.com.pk/teaching-wiki/persian-religion.

UC Santa Barbara. "History of Persian Language". Persian Languages and Literature at UCSB, 2017, https://persian.religion.ucsb.edu/home/history-of-persian/.

U*X*L Encyclopedia of World Mythology. "Persian Mythology". Encyclopedia.com, 2023, https://www.encyclopedia.com/history/encyclopedias-almanacs-transcripts-and-maps/persian-mythology.

Walvoord, John F. "6. The Medes and The Persians". Bible.org, 1 de enero de 2008, https://bible.org/seriespage/6-medes-and-persians.

Wasson, Donald L., and Ruth Sheppard. "Battle of the Granicus". World History Encyclopedia, 20 de diciembre de 2011, https://www.worldhistory.org/Battle_of_the_Granicus/.

Waterfield, Robin. "Darius the Great Conquers the Indus Valley". WikiSummaries, 11 de noviembre de 2022, https://wikisummaries.org/darius-the-great-conquers-the-indus-valley/.

Waters, Matt, and Simeon Netchev. "Cyrus the Great's Conquests". World History Encyclopedia, 15 de agosto de 2022, https://www.worldhistory.org/article/2022/cyrus-the-greats-conquests/.

Waters, Matt, and Simeon Netchev. "Cyrus the Great's Conquests". World History Encyclopedia, 15 de agosto de 2022, https://www.worldhistory.org/article/2022/cyrus-the-greats-conquests/.

Wijnsma, Uzume Z. "And in the fourth year Egypt rebelled..." The Chronology of and Sources for Egypt's Second Revolt (ca. 487–484 BC". Journal of Ancient History, vol. 7, no. 1, 2016, pp. 32-61. https://doi.org/10.1515/jah-2018-0023.

World History Edu. "Cambyses II of Persia: History, Reign, Accomplishments, & Legacy". World History Edu, 15 de noviembre de 2022, https://www.worldhistoryedu.com/cambyses-ii-of-persia-history-reign-accomplishments-legacy/.

World History Encyclopedia. "Persia Timeline". World History Encyclopedia, 2021, https://www.worldhistory.org/timeline/Persia/.

World History Encyclopedia. "Xerxes I Timeline". World History Encyclopedia, 2021, https://www.worldhistory.org/timeline/Xerxes_I/.

Young, T. C., and A. D.H. Bivar. "Ancient Iran | History, Map, Cities, Religion, Art, Language, & Facts". Encyclopedia Britannica, 2022, https://www.britannica.com/place/ancient-Iran.

Young, Jr, T. C. The Cambridge Ancient History. vol. 4, Cambridge University Press, 1988, https://doi.org/10.1017/CHOL9780521228046.002.